Bertrand Russell
羅素◎著　易思婷◎譯

幸福的征途

人為什麼不快樂，又如何能快樂？
羅素的思索與解答

The CONQUEST *of* HAPPINESS

臉譜書房 FS0029

幸福的征途

The Conquest of Happiness

作　　者　羅素（Bertrand Arthur William Russell）
譯　　者　舄思婷
編輯總監　劉麗真
主　　編　陳逸瑛
編　　輯　賴昱廷

發 行 人　凃玉雲
出　　版　臉譜出版
城邦文化事業股份有限公司
台北市中山區民生東路二段141號5樓
電話：886-2-25007696　傳真：886-2-25001952
發　　行　英屬蓋曼群島商家庭傳媒股份有限公司城邦分公司
台北市中山區民生東路二段141號11樓
客服服務專線：886-2-25007718；25007719
24小時傳真專線：886-2-25001990；25001991
服務時間：週一至週五上午09:30-12:00；下午13:30-17:00
劃撥帳號：19863813　戶名：書虫股份有限公司
讀者服務信箱：service@readingclub.com.tw
香港發行所　城邦（香港）出版集團有限公司
香港灣仔駱克道193號東超商業中心1樓
電話：852-25086231或25086217　傳真：852-25789337
E-mail : citehk@hknet.com
馬新發行所　城邦（馬新）出版集團【Cite (M) Sdn. Bhd. (458372U)】
11, Jalan 30D/146, Desa Tasik, Sungai Besi,
57000 Kuala Lumpur, Malaysia
電話：603-90563833　傳真：603-90562833
一版一刷　2013年4月16日

城邦讀書花園
www.cite.com.tw

ISBN 978-986-235-244-1

售價：280元
（本書如有缺頁、破損、倒裝，請寄回更換）

目次

第二部分　**快樂的成因**

Routledge出版社經典版序

伯特蘭・羅素（Bertrand Russel）在漫長生涯的早期（事實上，直到四十五歲左右）始終認為，哲學完全就是一門學術（事實上，它是邏輯學的分科），與日常生活無關。一九二〇年代初期，羅素住在北京並於當地講學時，仍抱持這種看法；當時的中國正值混亂時期，年輕知識分子亟需社會與政治問題的指導，他們請羅素提供相關建議，不過羅素錯失了機會，沒幫上這群年輕知識分子。同一時期，美國實用主義哲學家約翰・杜威（John Dewey）也在中國講學，他毫不猶豫地回應相關請求，提供建議，因此今日的中國仍然敬重他，而羅素在北京大學以外卻沒留下任何影響。

不過，羅素對「哲學是學術」的嚴格看法不久就改變了。他是聲望極高的哲學家，世上各種想得到的問題，人們都來詢問他的看法。另外，當他發現撰寫非學術書籍和文章是賺錢的好方法，他發覺有群讀者很想知道哲學家如何看待生命和道德等迫切問題。每個世代皆會面臨這些問題，而那些比較懂得反思的人對這些問題很感興趣；當然，這些人可能參考過往偉大思想家（包括古代經典著作的哲學家）的著作，藉此幫助自己解決問題，而有些人確實也解決了問題。然而，總是有人對當代哲學家的看法特別感興趣，這是因為這些哲學家跟他們有相同的經驗和問題，而這一點讓當代哲學家的看法具有附加價值。當羅素終於把注意力放在這上頭，他發現自己能滿足人們的這項需求。

事實上，第一次世界大戰期間，羅素開始改變對「大眾哲學」（popular philosophy）的態度；在這場可怕的事件裡，他始終堅持反戰運動，也因此兩度觸法，必須入獄服刑數個月。他書寫許多反戰文章，也四處演講宣揚反戰理念，不過當時他並未將反戰行動視為哲學志業的一種面向。不知為何，一八九〇年代至一九六〇年代的英國哲學家認為，思想家將哲學史裡道德與政治偉大辯論的原則思索與思考策略，套用於日常生活相關的迫切問題，並投身其中，簡直是匪夷所思的概念；同一時期，大學的哲學老師明確否認對這些事情的興趣，也不承認自己對這些事情有責任。這件事令人驚訝之處在於，羅素的教父約翰・斯圖亞特・穆勒（John Stuart Mill）絕非不問世事的哲學家，而是盡己所能改善世界的傑出模範，就跟他父親詹姆斯・穆勒（James Mill）及父親的老師傑瑞米・邊沁（Jeremy Bentham）一樣。

一九二〇年代中期和晚期，各界不斷請求羅素處理當代社會的需求，羅素將第一次世界大戰反戰運動已完成的工作與這種請求結合在一起。此外，他認為教育是關鍵，不但能避免戰爭，並且對未來有益，同時期許多的知識分子也抱持相同想法（卡爾・巴柏〔Karl Popper〕和路德維希・維特根斯坦〔Ludwig Wittgenstein〕也包括在內，他們後來選擇從事教職）；因此，羅素決定設立學校。以上種種因素讓他回歸哲學家的偉大傳統，亦即哲學家身兼教師、指導者、學者，結果羅素開始書寫各種社會與政治議題（包括教育、道德、核戰威脅），四處演講，並且投身相關運動，多年不輟。

如果想了解羅素多麼熱愛改當大眾哲學家的這個轉變，只要看看他豐富著作的其中一小部分即可明白：一九二六年，他出版了《論教育，尤其是幼兒教育》（*On*

Education, Especially in Early Childhood），同年《教育與美好生活》（*Education and Good Life*）在美國出版，後來這部著作經過刪節，以《教育與品格》（*Education and Character*）之名再度問世。一九二七年出版《我不是基督徒的原因》（*Why I Am Not a Christian*）；一九二九年《婚姻與道德》（*Marriage and Morals*）問市；一九三〇年推出《幸福的征途》（*The Conquest of Happiness*）。這段期間，羅素都在書寫相關議題的文章，包括每星期替美國赫斯特報系（Hearst Newspapers）撰寫六百字的專欄文章，他以優美文筆發表短篇的觀察意見和人生智慧，其中一些短文如寶石一樣珍貴。結果證實，《我不是基督徒的原因》和《婚姻與道德》這兩本書始終備受爭議；西元一九四〇年，紐約城市大學（City College of New York）以《婚姻與道德》一書違反道德為由，開除了羅素的教職；十年後，羅素以此書榮獲諾貝爾文學獎。

關於羅素對於非學術、社會、道德等領域的觀點，最獨特之處是這些觀點是純粹的常識，清晰易懂，並且願意接受不同意見。舉例來說，不妨想想以下差距：一位法國學者四處張揚自己高盧人的身分，並用抽象的語言書寫深奧的論述，探討生命、性、思想等議題，然後看看羅素探討相同議題的文章，他的文字清晰易懂，願意接受不同意見，並且充滿善意。許多知識分子蔑視清晰易懂且願意接受不同意見的文章，他們認為這種文章太過簡單，甚至過於單純，並且主張這種文章必然忽略了所有的細微差異、微妙之處與深奧道理。然而，這種反對理由似是而非，如果用最明確的觀點來理解某些最深奧的真理，這些真理其實往往很單純，只要頭腦清楚就能完全了解，這樣一來，這些簡單的真理就能公諸於世，大家都能知道這些道理，而非僅有享有特權的少數人能夠明白。長久以來，人們懷疑那些誇耀自己高盧身分的知識分子刻意讓真理顯得艱深難懂，藉此將一般大眾屏除在外，並保持身為思想家的神秘感。唉！這項懷疑往往正確，因為只要有人能將這些思想家的深奧論述轉換成清楚易懂的語言，他們就能自行判斷，因此也能了解這些思想家真正表達的內容。羅素的散文清楚易懂，富含機智，意義清晰，提供不輕易受影響的正確判斷力，而人們發現那些高盧思想家鮮少能提供這種判斷力。

因為羅素辯才無礙，所以這裡就不必多加解釋《幸福的征途》的內容。如果想要了解此書的概要，只要看看各章標題即可明白；這些標題表達了羅素這本書的中心思想（當然，他說這思想並非他所原創，而是來自人類經驗的證明），亦即人向外發展工作和人際關係能獲得幸福，如果封閉內心，執著於焦慮和恐懼的情緒，就會失去幸福。請看看他思考這些簡單明白卻又極為正確的道理所提出的理由和例子和見解，另外，請記住，羅素是從慘痛的個人經驗學會這些道理。他從前的學生路德維希．維特根斯坦曾說過，哲學的真正任務是提醒我們那些已知的道理真實不虛，而這也正是羅素所做的事。

這本教人獲得幸福的著作文字淺顯易懂，樸實無華，我可以談談書裡的一點如何影響我的生命。我在青少年時期就已經看過這本書，從那時起，我便不時加以翻閱，其中一個原因是為了欣賞羅素的散文，另一個原因是喜歡此書提醒我下列事實：有人能好好表達清楚易懂的真理，並且令人難忘。我一直記著書裡的一個想法，而每當需要的時候，這個想法總能幫助我；這個想法其實是一項建議：它問我們，陷入困境而輾轉難眠時，我們當下是否能做些什麼來解決問題？如果可以，那麼就放手去做；如果不行，那麼就暫時將這件事擱到一旁，直到想出辦法為止。半夜兩點想著透支的事而失眠，根本無濟於事，這就是最好例子，證明這個建議十分有用。說也奇怪，這個方法真的有效，同時具有不可思議的附加效果：讓我們用正面的角度來思考問題。

總有憤世嫉俗的人說，我們不需要棺材裡的死人來告訴我們，幸福來自積極向外投入生活和世界。不過，既然這是真理，並且大大影響那些願意接納這個真理並付諸實行的人，所以我認為這項真理值得注意，尤其是羅素那優雅風趣又富含教育意義的論述，而他的文字增強此真理的力量；因此，我們面對種種壓力而遺忘這個真理時，這本書有助於喚醒我們的記憶。

英國哲學家　葛瑞林（A. C. Grayling）

序

本書並非寫給飽學之士，或是認為實際問題只是空談話題的人。書裡沒有深奧的哲學，也沒有難解的學問。我只是想把一些再平常也不過的道理統整起來。在書中提供給讀者的快樂處方，我都以親身的經驗和觀察驗證過，每當我依著這些處方生活，的確增進了不少快樂。因此希望因為不快樂而受苦的人們，可以藉此自我診斷，並且得到治療的方法。我相信只要依據目標明確的步驟，許多不快樂的人都可以變得快樂，這個信念也是我撰寫此書的動力。

我認為我可以轉身和動物一塊兒過活，他們澹泊、自給自足
我立著身子，久久地注視他們
他們對他們的境況不感到焦慮，也沒有抱怨
他們不會在黑夜裡失眠，為犯下的罪而哭泣
他們不會討論對上帝的職責而讓我作噁
沒有人不滿足，沒有人為了物質占有而顛狂
沒有人朝他人跪拜，也不會對千年前的祖先而屈膝
在整個地球上，沒有人值得崇敬，也沒有人感到不快樂

——惠特曼

第一部分

不快樂的成因

第一章——什麼使人不快樂？

動物只要健康、有食物吃就很快樂，人類也該如此，但在現代的社會裡，卻不是這樣，至少大部分的人都不快樂。如果你不快樂，你大概會頷首同意；如果你快樂，捫心自問你有多少個朋友也是快樂的？當你審視你的朋友時，請仔細觀察他們透露出的真正情緒。

詩人布雷克曾說：

我見著的每張臉都有一種印記：
虛弱的印記，憂傷的印記。

也許種類不同，但是不快樂無所不在。假設你住在最典型的現代大都會——紐約，試著在上班時間站在一條忙碌的街頭，在週末的時候駐足某主要道路，或是在晚上參加一場舞會。放開你的自我，淨空你的心靈，讓陌生人的性情一個接一個地進駐你的心頭，你會發現這些不同時空的人群，有著各自的問題。在上班族群裡，你看到焦慮、過度投入、消化不良、除了掙扎以外對任何事都無感、無能玩耍，以及對周遭的人事物視而不見。在週末的主要街道上，你可以看到生活優渥的男男女女正在追逐享樂。這些人看不見車子前進的路，也看不到兩旁的景色，因為一分心即有可能造成意外。車上所有的人只關心怎麼超越前一輛車，卻因為壅塞而無能為力。也許有些人可以把注意力從超車轉移開來，但很快就因為過分無聊而面露難色。此時若有一車的有色人種開心地享受時光，他們的「非常」行為卻引起旁人的側目，警察最後將他們攔下來，因為他們犯下一起意外：享受假日是非法的。

再來，好好觀察愉悅夜晚的人群，這些人臉上帶著尋找快樂的堅決，好比決心看牙醫時要處之泰然般地義無反顧。酒精和親熱被視為取樂的途徑，所以人們很快就喝醉了，還刻意忽視伴侶對他們的嫌惡。喝多了酒的男人開始哭泣，傷心他們在道德上無法匹配母親對他們的全心奉獻。酒精釋放了平時被理性控制的罪惡感。

種種不快樂的成因，一部分要歸咎於社會制度，一部分則得歸咎於個人心理——當然，你可以說個人心理是社會制度的產物。我曾經寫過該如何改變社會制度來增進快樂，比方說放棄戰爭、捨棄經濟剝削、不教導殘忍和恐懼，但這些並不是此書的主旨。誠然，對於文明發展來說，找到一個能夠規避戰爭的社會制度是極為必要的，但當人們非常不快樂，甚至覺得過日子比互相終結來得苦悶時，沒有一種社會制度能夠實現。

如果機器生產可以讓需要的人獲利，那麼永久地消除貧困就是必要的。而如果富人富得悲慘，讓每個人富起來又有什麼意義？教導殘忍和恐懼是不好的，但是如果人們只懂得殘忍和恐懼，你又可以教導他們些什麼？這些討論讓我們回歸個人問題：究竟此時此地的男男女女，尤其又身處於懷念舊日美好時光的氛圍下，該怎麼做才能快樂呢？討論這個問題時，我們得限定範圍，那些身受外來悲慘遭遇的人們不在討論之列。假設我們討論的這些人至少衣食無憂，有棲身之所，有可以從事一般活動的健康身體。我並不考慮那些有極大創痛的人，比如喪子之痛，或是聲名掃地。當然我們也可以針對以上創痛討論，這些可也是相當重要的事宜，但是該些討論和本書要討論的，隸屬不同層次。我的目的是給那些在文明社會的日常生活中，找不到快樂的人一些指引，該些不快樂沒有顯著的外在成因，但讓人感到難以忍受、無路可逃。我相信，大部分的不快樂是因為錯誤的世界觀、倫理觀或是生活習慣，破壞了對事物與生俱來的熱情和興致，而這些事物正是人類和動物所仰賴得到快樂的泉源。以上問題都可在個人能力範圍內解決，此書提供可改變的建議，讓普羅大眾得以成就快樂。

對我要推廣的哲學的最好介紹，也許是自我的介紹：我並非生來就快樂。幼時，我最喜歡的聖詩如此說道：「對這世界了無眷戀，我扛著罪惡的枷鎖。」五歲的時候，我這樣想著，如果我可以活到七十歲，那麼截至目前為止，我只走了此生的十四分之一。對於眼前漫長無趣的人生路，我幾乎無法再承受下去。青少年時，我恨極生命，經常在自殺的念頭上徘徊，要不是想要多學些數學的念頭阻擋著，我早就輕生了。現在的我，恰恰相反，非常享受人生，而且一年比一年更享受。一方面是因為我發現什麼是我最想要的，而逐漸在該方向上有所獲得；另一方面，則是我成功地放棄某些想要的——比如說獲取不容質疑的知識——這基本上是不可能的。但最主要的原因，還是減少了對自我的陷溺。就像所有受過清教徒教育的人一樣，我有對自身的罪惡、愚蠢、短處反覆反省的習慣。我認為我自己——這觀點無疑公正——是個悲慘的人。逐漸地，我學著忽視自我和自我的偏差，把注意力轉移到外界：世界的現況、多樣的知識、我喜歡的人等等。的確，外在的興趣，可能帶給我不同的痛苦：世界陷入戰火、知識難以獲得、朋友逝去。但是這些痛苦不像自我嫌惡，可以摧毀生命的本質；外在的興趣，會促進行動，徹底防範因無聊造成的空虛。相反地，對自我的興趣，則無法啟發任何積極的行動。它也許會培養你寫日記的習慣，對自我心理的解析，或讓你遁入空門。但一個修行人是無法得到快樂的，除非修道處的日課終於讓他忘記心靈；但他也可以做個清道夫，那麼他想從宗教中得到的快樂，也可以從日復一日的工作中得到。對那些自我陷溺太深的不幸人們，外在的規律是他們得到快樂的唯一途徑。

自我陷溺的人有很多種，自罪狂、自戀狂以及自大狂是最常見的三種。

當我說自罪狂，並不是指那些犯罪者。是否有罪取決於我們對它的定義，也許每個人都有罪、也或許沒有人犯罪。自罪狂老想著自己有罪，總是在自我否定。如果他信教，那麼他就認為神否定了他。在他心中，有個他應該成為的完美形象，而這個形象和他真實呈現出來的自我衝突不斷。如果在他的意識裡，他早已捨棄幼時在母親膝下所學到的真理，那份罪惡感即深埋在潛意識中，只有在酒醉或是睡覺時才會出現。即便如此，也足夠讓生命無味。在心底深處，他認定所有幼時受到教導被禁止的事是正確的。詛咒是邪惡的、喝酒是邪惡的、小聰明是邪惡的、推到最極處，性是邪惡的。他當然不會刻意限制自己享受這些行為帶來的快樂，但是，這些行為降低了他的人格，因此所有的快樂都變味了。他全副身心最想要的快樂，就是能像小時候一樣，被母親輕柔地認可。如果他再也得不到這種感覺，那麼什麼也都不重要了：因此他必須認定自己有罪，非常深的罪。當他戀愛時，他希望得到母性的輕柔，但是他不能接受它，因為和他有性行為的女性，是不可能擁有他心目中的母親形象。他失望，變得殘忍，懺悔他的殘忍，又開始重複自罪、徹底懺悔的悲慘循環。這就是很多剛烈自罪者的心理狀態。對無法得到事物的追求（母親或是母親的替代品），以及早期被持續教育的荒謬道德觀，讓他們走上偏差的人生路。對於這些受害於母性「美德」的人來說，放下早期信仰和親密嚮往的暴虐糾纏，是得到快樂的第一步。

自戀，可說是習慣性罪惡感的對立面。它的元素包含自憐自愛的習慣，進而要求他人的仰慕。程度如果不過分，這也是很正常的，不需要改正。但是如果過分，則可成為嚴重的惡。很多女性，尤其是富有的社會女性，對愛的感覺已然枯竭，替換而起的是認為所有的男性都應該仰慕她們的強大慾望。這樣的女性如果確定某個男性愛上她了，這個男人對她也一無用處了。這樣的情況也會發生在男性身上，不過比較少些。最有名的例子是《危險關係》（*Les Liaisons dangereuses*）[1]中的英雄，當虛榮被提升到這樣的高度，那麼對任何人都不會有真心的興趣，也不可能從愛中得到真實的滿足。而愛以外的興趣更是輸得一敗塗地。

一個自戀狂，也許因為社會上給偉大畫家的讚譽而成為一個藝術學生，但是畫畫只是他完成最後目的的工具，其中的技巧對他來說一點意義都沒有，除了和他自我有關的作畫主題，他對其他的題目都不屑一顧。結果當然是失敗和失望，荒謬取代了預期的享譽盛名。那些老把自己描述成英雄的小說家也承受同樣的後果。要在工作上得到貨真價實的成功，必須對工作相關的事物擁有真心的興趣。成功政治家的悲劇，肇因於開始自戀，而不再關注社群，以及以往堅持的理念。一個只關心自己的人得不到他人的喜愛，這個認為全世界都該愛慕他的人不太可能成就事業。就算他成功了，他也不會徹底的快樂，因為人性絕不可能百分之百的自我中心，而自戀者對自我的局限，和那些自罪者沒什麼兩樣。原始人可能對自己的狩獵技巧感到自傲，但同時他也享受追逐獵物。虛榮，當超過某種程度，會把所有活動的樂趣都消滅殆盡，最終無可避免的歸零。自戀的一個經常性成因是自卑，而治癒的方式是培養對自我的尊重，只有從成功的完成由外在興趣啟發的活動才能得到。

自大狂和自戀狂的不同處在前者追求權力，後者追求魅力，前者要人害怕，後者要人愛慕。很多瘋子和歷史上的偉人都屬於這一類。愛權和愛名都是很正常的人性，只有在程度逾越或是名不副實的時候，才值得非議，也造成人的不快樂和愚蠢。認為自己是國王的瘋子可能很快樂，但恐怕沒有一個正常人會欣羨這種快樂。亞歷山大大帝心理上和瘋子沒什麼兩樣，只是他擁有完成瘋子大夢的才幹。然而當他的成就已然非凡，他的夢想已不能再放大。當他成為有史以來最偉大的征服者，他認為他是神，可是他快樂嗎？他的嗜酒如命、凶殘的脾氣、對女人沒興趣、對神格的宣示，再再都證明他並不快樂。犧牲所有人以成就一個人的某種慾望，或是將天下所有的資源都視為是為了實現偉大的自我而存在，都不可能達到最終的滿足。很多時候，自大狂，不管其瘋狂的程度為何，皆是過分屈辱的產物。

1 編按：一部法文小說，描述法國大革命前貴族之間的愛情故事。

拿破崙在學校時只是個靠獎學金度日的窮學生，在和貴族同學相較之下，他深感自卑。當他允許流亡者返回祖國時，看到以往的同學對他鞠躬作揖，他感到無比的滿足。這是多麼令人快樂的情景！但他進一步想要從沙皇那兒得到一樣的滿足，卻換得被遣送到聖赫勒拿島（Saint Helena）的待遇。一個熱愛權力的人不能忍受失敗，但是沒有一個人是全能的，遲早他會遇到無法克服的困境。只有用瘋狂來掩飾知能，才能讓他對這點視而不見；如果他有權力，他可以囚禁或是處決對他講真話的人。政治迫害和心理迫害是肩並肩的，當心理迫害的跡象出現，真誠的快樂不可能出現。有節制的權力可以增加快樂，只追求權力會造成災難，就算不是外在的災難，也必是內在的。

造成不快樂的心理因素顯然有很多種，但它們擁有一個共通點：一個人若在年輕時，被剝奪某種正常的滿足，即會成為典型的不快樂的人，開始重視此種滿足過於他種滿足，單方面的追求該種滿足，所有從事的活動都圍繞在得到該種滿足上。然而，現在更有一種常見的進展：當一個人感到完全的挫敗，他放棄追求滿足，只想辦法轉移注意力或是設法遺忘，進而成為「快樂」的獻身者，也就是說，藉著少活在當下讓生命變得可以忍受。舉例來說，酒醉，是暫時性自殺，得到的快樂是負面的，對不快樂的停息是暫時的。自戀狂和自大狂認為快樂是可能的，卻使用錯誤的方式來得到它。那些醉漢完全放棄希望，只尋求遺忘。要幫助這些人，首先必須說服他們，快樂是值得追求的。那些不快樂的人，就像那些睡不好的人，總是自傲於自己的缺失。或許他們的自傲就像狐狸失去尾巴時的感受。[2]若真如此，治癒他們的方式，就是告訴他們，新的尾巴是可以再生的。

我相信，如果看到了通往快樂的道路，很少人會故意選擇不快樂。我不否認真有這樣的人，可是這樣的人數少到可以忽略。我假設讀者是寧願快樂，而不願意不快樂的。我不知道我是否能夠幫助讀者了解這一點，無論如何，嘗試是不會造成傷害的。

---

2 編按：這引用自《伊索寓言》中〈失去尾巴的狐狸〉這則故事，一隻狐狸在逃命時失去了尾巴，之後便努力宣揚沒有尾巴的好處，說服其他的狐狸割掉尾巴。

第二章——拜倫式不快樂

就好像在歷史上數個階段曾經發生過的一樣，現代也有這種通見的觀念：智者已然看透過往時代的激情，生命再也沒有什麼值得追求了。有這樣觀念的人，通常不快樂，但是他們相當自豪於己身的不快樂，認為那是宇宙的真理，是一個徹悟的人該有的理性態度。這種對不快樂的自傲，讓其他人懷疑它的真實度，如果能夠這麼享受悲慘，那麼悲慘也應該沒那麼悲慘了。這樣的想法顯然過於淺薄，當然，感覺自我或是自己的見識超人一等，能得到某種替補的情緒，但絕不足以取代簡單的快樂。我不認為不快樂裡有什麼超人一等的理性。在環境允許下，理性的人可以快樂，如果他真發現沉思於宇宙議題太痛苦，那就找別的議題來沉思。這即是我在這一章想要證明的想法，我想要說服讀者，不管他人提出來的論點為何，理性是無法阻撓快樂的。我深信那些真為其宇宙觀傷悲的人，是本末倒置：他們因為一些不明的原因不快樂，卻歸罪於所處世界的不完美。

在這一章我要挑戰的觀點，即為現代美國社會中，約瑟．伍德．庫池（Joseph Wood Krutch）的著作《現代的脾性》（*The Modern Temper*）所闡述的觀念，也是先祖輩的拜倫，和《舊約聖經》裡《傳道書》（*Ecclesiastes*）中所討論的觀點。庫池先生說：「我們注定是失敗的事業，這個宇宙中沒有我們生存的位置，但是，我們不以身為人類為憾。我們寧願以人類的身分而死，也不願以動物的身分而生。」拜倫說：

「當早期思想的光輝在感覺的全面消褪中流逝，
這世界帶走的歡樂遠比給予的多。」

《傳道書》裡寫道：

「因此我讚美那些已死的死者，比那些未生的生者還多。
是啊，比這兩者更幸運的，是那些從未存在，從未見過陽光底下的罪惡的人。」

這三個悲觀者在審視生命的樂趣之後，得到這些陰暗的結論。庫池先生是紐約知識分子圈內的一員。拜倫曾經泳渡希拉海（Hellespont）[1]且有許多風流韻事。

1 編按：達達尼爾海峽（Dardanelles）的古希臘名。

《傳道書》作者的生活更是多采多姿：他品酒、玩音樂，也嘗試許多「諸如此類」的事。他建造水池，坐擁眾多僕人。即使在這樣的環境裡，智慧也沒有離他遠去。可是他視一切為空虛，智慧也是。

「我獻上我的心，去了解智慧、狂妄和愚蠢：但這只讓精神苦惱愈多的智慧中有愈多的悲慟，得到更多的知識就是得到更多的悲傷。」

他的智慧似乎困擾著他，他想擺脫智慧卻無法成功：

「我在心裡說，去吧，我會用歡樂證明，去享受歡樂：然而，誰知？還是空虛。」

似乎他的智慧還是跟著他。

「我在心裡說，這發生在愚人身上，也發生在我身上；那為什麼我該較有智慧？然而我心裡又說，那也只是空虛。

因此，我恨生命。日光下所行之事都是悲苦的：所有的事都是空虛、令人精神耗弱的。」

幸好現在的人已經不太讀年代久遠的書籍了，因為如果他們真的讀了，他們會認定任何關於水池的描述是空虛的，新書自然也是空虛的。如果我們可以證明《傳道書》不是明智者的唯一選擇，我們就可以捨棄。要證明這一點，首先我們必須分辨感覺和知性表述。你沒有辦法和感覺爭辯，感覺會因為某件幸事或者生理狀況而改變，但沒有辦法經由說服而改變。我常有一切都是空虛的感覺，要從中掙脫出來，靠的不是哲學方法而是必要的行動。如果你的小孩病了，你也許感到不快樂，但你不會認為一切都是空虛。不管你認不認為人類的生命有其終極價值，你都會即刻想辦法讓孩子恢復健康。一個富人，也許常常認為生命空虛，但如果他失去所有財富，下一餐到來時他鐵定不空虛。空虛是因為生命的基本需要太容易取得而產生的一種感覺，人類和所有動物一樣，都需要為生活而努力，某些極富裕者，可輕而易舉的滿足他們所有的慾望，任何事都不需費吹灰之力就可完成，卻反而因此也把快樂的基本要素從他們的生命中移除了。那些想要就能得到的人，當然不會認為努力達成願望可以帶來快樂。一個擁有一切的人，居然不快樂？如果這個人有哲學素養，那麼他一定會認為，人類的生命基本上是可憐的。他忘記了，欠缺某些想要的東西，是快樂的必要條件。

在《傳道書》裡，有很多情緒，然而，也有很多知性論點。

「所有的河流都流入海裡，然而海卻填不滿。
太陽底下沒有新鮮事。
沒有人記得過去的事。
我恨我在日光下的勞動，因為所有成果皆需留給後人。」

如果我們以現代哲學家的方式來闡述以上論點，那大概是如此：人永遠勞動，物永遠運動，但是沒有一切是永恆的，雖然後來的事物和前者並沒有兩樣。人死後，他的後代收割他的勞動成果；江河進入大海，但江河的水並不能在大海停留。日復一日，年復一年，在無止盡的無用循環裡，人和物生長死亡，沒有進步，也沒有永恆的累積進展。那些江河，如果聰明的話，就該留在原處。所羅門，如果聰明的話，就不該種果樹讓兒子們得以享受果實。

但換個心情來看，所有事情都不一樣了。太陽底下沒有新鮮事？看看高樓大廈、飛機、政治家透過廣播發表的公開演說[2]？所羅門[3]知道這些事嗎？如果能夠聽到示巴女王（Queen of Sheba）[4]在返回領地之後對其子民的演說，在無用的果樹和水池間的他不就能獲得撫慰了？如果有個新聞剪輯單位能夠告訴他，報紙上是怎麼形容他的建築的壯麗，房舍的舒適，以及和他爭辯的敵對智者的狼狽，他還會說太陽底下沒有新鮮事嗎？也許這些事無法徹底治癒他的悲觀，但是也會給他新的看法。的確，庫池先生對這時代的抱怨之一，就是太陽底下太多新鮮事了。如果新事物的出現和缺席都會困擾人，要怎能相信其中之一是絕望的真正成因呢？

---

2 編按：此指羅斯福總統著名的「爐邊談話」（Fireside Chats）。

3《傳道書》的作者不詳，有一說是所羅門。

4 編按：西元前非洲東部示巴王國的統治者，示巴的位置相當今日的衣索比亞。

再來，拿以下的論點做討論「所有的河流都流入海裡，然而海卻填不滿；河流從哪兒來，又要回到哪兒去。」在悲觀的論點上看，這假設旅行是不愉快的。夏季時，人們去療養勝地，最後又回到來處，但這並不代表夏日去療養勝地是無用的。如果水有感覺，它們大概享受這冒險的循環，就好像雪萊的詩《雲》描寫的一樣。

關於將所有都遺留給後代的痛苦，我們必須從兩種觀點來看這一論調：從後代的眼光來看，這並不會造成任何災難或損失。「把所有東西留傳後世」這件事本身並非都是悲觀的。如果接下來的成果更壞了，也許該悲觀，但如果更好了，那不是有理由樂觀嗎？如果像所羅門認為的，接下來的成果和原先一模一樣，那麼這整個過程真的是徒勞無功的嗎？除非整個過程都是痛苦的，要不然可不能這麼說。抱持著結果論，認為現在的一切努力，其價值取決在未來的成果的想法是不對的。除非每個部分都有其價值，要不然最終的整合也不會有價值。生命並不是齣主角經歷千辛萬苦，最後得到快樂結局作為補償的戲劇。我活著我的人生，我的兒子在我之後有著他的人生，而在他之後，他的兒子也有他的人生。這裡頭真的有什麼可以搞成悲劇的嗎？恰恰相反，如果我長生不死，那麼生活中的樂趣也會逐漸失去味道。像現在這樣代代相繼，它們則終年長青。

「我在火堆前溫暖著我的雙手；
火熄滅了，我也準備離開。」

這樣的態度和對死亡憤慨的態度一樣合理。如果可以理性地決定情緒，那麼快樂和難過都有一樣多的理性成因。

《傳道書》是悲劇。庫池先生的《現代的脾性》可憐兮兮。基本上，庫池先生因為中世紀的秩序以及某些現代秩序的瓦解而傷心。他說：「在現今被舊世界的鬼魂嚇著，卻還未找到自己定位的不快樂時代，這樣的困頓，並不是一個徬徨少年找不到人生方向的困境可以比擬。」這樣的論述倒適用於某些知識分子，這些人受了文學教育，不知道現代世界的模樣，在青少年時期被教導要將信仰建立於情感之上，因此無法將自我和嬰幼兒期所需要的安全和保護剝離，而這些需求是科學社會無法滿足的。庫池先生和其他的文人一樣，執拗地認為科學尚未實現其許下的承諾。他當然沒有告訴我們究竟是哪些承諾沒被實現，但他似乎認為六十年前達爾文和赫胥黎對科學的期望，至今仍未實現。我認為這都是那些不希望自己的特長遭到輕視的作家和神職人員，所編造出來的妄想。

現在這個世代的確有很多悲觀者，當人們的所得下降時，總是會產生許多悲觀者。但是庫池先生是美國人，美國人的所得在戰後基本上是增加的，但是歐陸知識分子的收入卻在戰後銳減。戰爭帶給社會不穩定感，這樣的社會變因大大的影響該年代的氛圍，卻不大能影響世界的本質。

很少有比十三世紀更慘的時代了，但是庫池先生哀悼的信念，除了國王和一些義大利貴族以外，普遍為大眾所認可。培根（Roger Bacon）[5]這麼說道：「我們所處的時代比以往受到更多罪惡的支配，而罪惡和智慧是絕不相容的。看看這世界，這樣的情況俯拾皆是：自上層開始，無止盡的腐敗……淫亂讓整個宮廷聲名敗壞，貪慾成了主宰……如果上層如此，下面的成員呢？看看那些主教們：看看他們怎麼追逐錢財，忘記該治癒靈魂……讓我們想想宗教團體：無一例外。看看它們是怎麼一個接著一個從正確的立足點墮落的；而新成立的團體（方濟各會士）也早就喪失最初的尊嚴。神職界變得傲慢、淫蕩、貪婪：每當神職人士聚集在一起，無論是在巴黎還是牛津，他們之間的鬥爭、爭吵和其他的罪惡讓所有的凡人側目……沒有人關心做了什麼，或是使用了什麼手段，只要貪慾被滿足了就好。」在談論古代的異教聖賢時，他說：「他們的生活比我們好太多了，不論是在文明禮儀還是在對俗世的鄙視上，都享有愉悅、富足和尊榮；大家可以在亞里斯多德、塞內卡、塔利、阿維森納、阿法雷比耳思、柏拉圖、蘇格拉底等人的作品中找到證明。因此，他們獲得了智慧的秘密並發現所有知識。」[6]培根的意見和他所處的文學界的意見一致，他們當中沒有一個人喜歡自己所處的時代。我不相信這悲觀主義有任何形而上的成因，而其成因是戰爭、貧窮和暴亂。

討論愛的章節是庫池先生作品中最負面的地方，維多利亞時代的人似乎把愛想得極為崇高，但現代人可把它看穿了。「維多利亞時代的懷疑派，認為愛執行他們已失去的神的功能。面對愛，就算最死硬的頭腦也神祕的轉變了。他們處在一種氛

---

5 編按：英國哲學家。

6 引自庫爾頓的《從聖佛朗西斯到但丁》，第57頁。

園中，內心的神聖感自我覺醒了，而在自我的更深處，感覺到忠誠的呼喚。對他們來說，愛和神一樣，要求犧牲。但是愛也像神般，會賜予某種還未能分析的意義，作為所有虔信者的獎賞。我們——比起他們——已經習慣一個無神的宇宙，但是我們還未習慣一個無愛的宇宙，只有當我們也習慣了，我們才會了解無神論的真正意義。」

極有意思的是，我們時代的年輕人看維多利亞時代和身處於該時代的人看該時代，有非常不同的看法。我記得兩名我年輕時很熟悉的老婦人，各是該時代不同特點的代表人物，一個是清教徒，一個是伏爾泰的信徒。前者抱怨太多詩歌處理愛這個課題，她堅持，愛是個無趣的課題。後者則說道：「沒有人能對我有所非議，但我總覺得破壞第七戒沒有比第六戒來得糟糕，因為它至少需要對方同意。」這兩個人的看法都不像庫池先生所描述的典型維多利亞時代的人。很顯然的，他是從某些和時代不合拍的作家處得到的結論。我想，最佳的例子為羅伯特・布朗寧（Robert Browning）[7]。然而，我難以抗拒的認為，他設想的愛實在很乏味。

> 「感謝上帝，他最差勁的造物
> 自豪著兩副嘴臉，一副來面對世界
> 一副來展示給他愛的女人」

這假設了對待世界唯一的態度是鬥爭。為什麼？因為布朗寧會說，世界是殘酷的；而我們會說，因為世界不會如你所想的那般接受你。如布朗寧建議的，一對夫婦建構起互相愛慕的社會。若有個人總是稱讚你的作品，不管其是好是壞，這的確很令人開心。當布朗寧痛斥費茲傑羅（Fitzgerald）[8]膽敢不喜歡《奧羅拉．利》（*Aurora Leigh*）[9]的時候，他一定覺得自己是個很好、很有男子氣概的人。我不覺得把兩方的批評能力都擱起的方式有什麼值得恭維的。這是害怕被公正批評的冷冽傷到，希望總能有個避難所。很多年老的單身漢，守在他們的火爐旁，期望能得到

---

7 編按：十九世紀著名的英國詩人、劇作家。

8 編按：美國小說家，最著名作品為《大亨小傳》（*The Great Gatsby*）。

9 編按：一部由布朗寧夫人（Elizabeth Barrett Browning）所寫的詩體小說。

一樣的溫暖。

根據庫池先生的標準，我生活在維多利亞時代太久，不能算是個現代人。我並沒有失去對愛的信仰，但我相信的愛絕非維多利亞式的愛。愛有冒險性，令人開眼界，它可以給人好的知識，卻不至於讓人忘記邪惡，更不會假裝神聖無邪。令人期盼的愛之所以會有那些特質，是由於對性的忌諱。維多利亞時代的人深信性是邪惡的，因此那些可允許的性被附加了許多誇張的形容詞。舊時對性的飢渴比現代更甚，無怪乎人們，尤其是那些修道者誇張性的重要。

我們正處於疑惑的年代，很多舊標準被拋棄了，新標準卻尚未建立，這引出很多問題。當眾人的潛意識仍信奉舊標準的時候，問題的出現往往造成絕望、悔恨和憤世嫉俗。我不覺得很多人遭遇這樣的情況，只是這些人往往是發聲機會最多的人。我相信如果對我們時代和維多利亞時代的中上年輕人做抽樣比較，會發現現在的人從愛中得到更多快樂，也更真誠地相信愛的價值。有些人之所以憤世嫉俗，是因為他們潛意識裡還被舊世界的理想支配，也認為沒有理性的倫理觀規範現代人的行為。治癒的方式不是對過去哀悼或懷念，而是勇敢地接受現代的前景，以及下定決心將所有早該捨棄的迷信徹底根除。

要簡潔地闡述為什麼人重視愛並不容易，但我願意試試看。我們重視愛的第一原因，因為愛是所有快樂的泉源，這並不是它最重要的地方，卻是其他原因的基礎。

喔，愛，他們誤解了你
他們說甜蜜是苦澀
但當果實是這樣的豐碩
竟找不到更甜蜜的物事

這數行詩的作者，並非在找尋無神論的解答，更不是在尋覓宇宙的關鍵，他只是自得其樂。愛不僅是快樂的泉源，它的消失也是痛苦的來源。愛之所以被歌詠，還因為它可以增進所有最好的歡樂，像是音樂、山裡的日出以及滿月下的海洋。一個從來沒在心愛的女人陪伴下，欣賞這些美好事物的男人，便無法體會這些美好事物可以給他的最大價值。再者，愛可以打破自我的堅硬外殼，因為愛是生物本能的合作模式，需要兩者的情感來實現對方想達成的目的。

歷史上的不同時代，產生過不同形式的獨身主義哲學，有些非常神聖，有些卻不然。斯多葛學派（Stoics）和早期的基督徒相信，人光靠自己的力量，不靠他人的協助，是有能力了解什麼是人類生命能夠完成的最大的善。有的學派認為生活的目的是權力，有的則認為是個人的歡樂。總之，所有這些都是獨身主義哲學，只要他們認為善能由獨立的個體完成理解的，而不需經由社會上的一大群或是一小群人。我個人認為，這樣的觀點是錯誤的，不僅在倫理上是錯的，在人的天性上也是不對的。人仰賴合作，自然賦予人的並不夠全面，所以在合作中所需要的和善可以提升被引出的天賦。愛是帶領合作第一也是最平常的情感，而那些曾經經歷過愛的人，不管其程度為何，皆不會認為最高的善和他們所愛的人無關。這樣說來，父母之愛更是強大，但父母之愛的最極致是父母之間的愛的產物。我不想假裝愛的最高形式是很普遍的，但我維持我的論調，只有在愛的最高形式中，愛可以揭露在他種情況下無法觸及的價值，一種懷疑論者無法觸及的價值，雖然說懷疑論者可能還是把無法得到愛的原因歸咎於懷疑論。

真愛是永恆的火焰
在心中持續地燃燒
從不生病，從不死亡，從不冷卻
從不轉向。

接下來我要談談庫池先生對悲劇的看法。這部分我同意他的論點，他說易卜生（Henrik Ibsen）[10]的《群鬼》不如《李爾王》（*King Lear*）。「就算更強大的表達能力，或是對文字更厲害的運用天才，都沒有辦法把易卜生變成莎士比亞。後者寫作所使用的材料——他對人類尊嚴的概念，他對人類熱情的重要感知，他對人類生命可以企及範圍的見識——是易卜生沒有的，因為他們不存在於易卜生所處的時代中。神、人和自然都在世紀之間因某些原因縮小了其幅度，並不是因為現代藝術的現實教條引領我們找出平庸的人，而是因為在發展可以合理化我們識見的現實藝術

10 編按：挪威劇作家，被尊為「現代戲劇之父」。

理論的過程中，人類生命的平庸被推到眼前。」

無疑的，老式的王公貴族及其憂傷的那類悲劇，已經不適於我們的年代，而當我們用一樣的方式來形容平凡人的哀傷，效果也不一樣了。這不是因為我們對未來的期盼變壞了，恰恰相反，這只是因為我們不再認為某些人很偉大，享有悲劇性的權利，而其他人只能苦哈哈地勞動來供給那些少數的尊貴階級。莎士比亞說：

> 當乞丐死去，彗星不會畫過天際；
> 上天只為王子的死亡發出光芒。

在莎士比亞時代，這樣的想法也許不是人人皆信，但至少反映了當時普遍的價值觀，也是莎士比亞深信不疑的。因此詩人辛納（Cinna）之死是喜劇的，凱撒、布魯特斯和卡修斯的死是悲劇的。對我們來說，某個人的死亡已不可能再給我們天崩地裂的感覺，因為社會已變得民主，不管是在外在的形式上，還是內心深處的認定上。因此，現代的偉大悲劇不能只和某人相關，而必須與整個社群相關。

舉例來說，恩斯特．托勒爾（Ernst Toller）的著作《群眾與人》（*Massemensch*），與以往最偉大時代的最好作品不相上下。它的立場高貴，深刻真實，談論英雄式的行為，並且就像亞里斯多德說的，悲劇應該「通過憐憫和恐懼洗滌讀者」。像這樣的現代悲劇非常少，因為舊技巧和舊傳統必須被廢棄，但又不能僅用普通的今日教育去代替。要感受悲劇，人必須要了解他所處的世界，不僅僅是用心靈去感受，還要用生命和激情去感受。庫池先生在他的書中，幾次談到絕望，讀者可被他英雄式地接受世界的蒼涼而感動，但是他之所以感到蒼涼，是因為他和他的文學朋友還沒學習到如何用舊情緒來回應新刺激。刺激是存在的，只是不存在於文學圈子。文學圈子和社會分子嚴重脫節，如果悲劇或是快樂要取得嚴肅和深刻的情感，文學和社會必須有所接觸。對於那些溺於情感，認為世界上沒有值得做的事情的年輕人，我的忠告是：「別嘗試寫作了，反之，嘗試別寫作，真正走入這個世界；做海盜、做婆羅洲的國王、做蘇聯的勞工；找件可以讓基本生理用光你的能量的事情做。」我並不建議每個人都這麼做，而那些有庫池先生診斷出來的疾病的人是可以的。我相信，過了幾年這樣的日子，這些人必定再也無法抑制寫作的慾望，而那時，寫作對他來說不再是一件空虛的事了。

第三章——競爭

如果你問任何美國人，或是任何在英國從商的人，在生活中哪件事是對快樂最大的妨礙？他會回答：「為生活奮戰。」他的回答是這麼誠懇，全心全意。在某個層面上，這個答案當然沒有錯，但是在非常重要的層面上，這個答案大錯特錯。人有可能需要為生活奮戰，但是是在非常不幸的狀況下。

舉例來說，這樣悲慘的事發生在康拉德（Joseph Conrad）[1]小說的主角福爾克身上，他的乘船毀壞了，他是船上持有火器的兩人之一，船上沒有食物，能吃的只有人，他和另外一個人吃完其他人之後，能吃的只剩下對方，此時真正的生存戰爭開始了。福爾克贏了，但之後終生茹素。這樣的奮戰當然和商人說的奮戰是兩碼子事。他之所以選用這個詞，是想讓瑣碎的事情看起來很重要。問問他，在他的階層中有幾個人因飢餓而死？問問他，他的朋友破產後發生了什麼事？每個人都知道，商人破產後，他的物質情況還是比那些從來沒有富有到可以宣告破產的那些人來得好。他們說為生活奮戰，其實指的是為成功奮戰。他們害怕的不是隔天沒有早餐吃，而是沒有辦法比其他人優秀。

很奇特的，似乎很少人真的了解，他們並非真的陷入無法掙脫的機制中，他們持續地在這機制上走著，只因為他並沒有發覺，這個機制不能帶他們到更高的層次。我常想，那些居高位、擁高薪的人，如果只仰賴既有的財產而不持續地汲汲營營，也可以生活得很好。但他們卻覺得這樣做很羞恥，好像在敵陣前做個逃兵，但如果你問他們，他們的工作對公眾有什麼價值，除了宣揚生活困難的那套陳腔濫調以外，他們再也無話可說。

讓我們看看這種人的生活，我們可以假設，他有個漂亮的房子，迷人的老婆，可愛的孩子。清晨當家人都還在睡夢中時，他便已醒來，匆匆地趕到辦公室。他的職責，是去展示自己身為管理階層的優秀才幹。他有著堅毅的下巴，說話果斷，精心地營造睿智的氣氛來打動辦公室裡除了打雜小弟之外的所有人。他主寫商業信件，和不同的重要人物通電話，研究市場，積極地和生意夥伴或者潛在客戶吃午飯，整個下午他也都忙著類似的事情。好不容易回到家中，已經累得不像話，晚餐時還必須假裝很快樂地和家人言談，直到睡覺時才能鬆口氣。

1 編按：波蘭裔的英國小說家，被譽為現代主義先驅。

這人的工作和百米賽跑有異曲同工之妙，但這場百米賽跑的終點只是墳墓。專注力對真正的百米賽跑是重要的，但是在工作上要求同等的專注有些過頭。他對他的孩子們了解嗎？平常工作日他在辦公室，週末時候他在高爾夫球場。他了解他的妻子嗎？早上他離家時，妻子還在睡夢中。晚上他和妻子得與朋友社交，也沒辦法親密地對話。雖然他和不少人互動，但真正深交的朋友卻無幾。對於季節，他只在季節對市場造成影響時才有感受。也遊走過其他國家，但在他的眼裡盡是無趣。閱讀是空虛的，音樂則過分高尚。

我曾經在歐洲看過這樣的美國中年男性和他的妻兒們。顯然他的家人說服他，該是時候休個假，也讓女兒們過過「舊世界」生活的機會。快樂無比的妻子和女兒們環繞在他身邊，每見到新奇有特色的東西就喊著他看。這位一家之主終於厭倦，感到無聊，開始想著辦公室現在發生了什麼事，球場現在的賽況如何？他的女伴們最後放棄了他，認為他真是個庸俗的人。她們從來沒有想過，他只是她們貪慾的犧牲品。的確，這也許不是完全準確的看法，就好像歐洲的旁觀者眼中對印度寡婦自焚殉夫的看法一樣。也許十個中有九個自焚的寡婦是自願的，從宗教觀看這是她們命中注定的結局，她們也準備為了榮譽而犧牲。對商人來說，他的宗教和榮譽要求他賺很多錢，就像印度的寡婦一樣，他心甘情願快樂地受折磨。

如果美國商人要變得快樂些，就必須改變信念。如果他渴求成功，並全心全意地認為男人的責任是成功，認為男人若不這樣做就是可憐蟲，那麼這個男人的生命會一直過分執著，過分焦慮，得不到快樂。拿一個簡單的投資例子來說，幾乎每一個美國人寧願在有風險的投資上得到百分之八的報酬率，也不願意在無風險的投資上獲得百分之四的報酬率。結果是，人們不斷地為金錢的損失而憂心煩惱。

對我來說，我想要用錢換取的是愜意的閒暇時光。但是典型的現代人想要的是更多的錢，以換取排場和炫富本事。在美國，社會階級是不確定的，一直在變動。如此一來，比起在社會秩序固定的情況下，勢利更是無法止歇。雖然光是錢本身不足以讓人輝煌，但沒有錢是一定沒辦法輝煌的。再者，社會的價值觀認為收入多寡和智商有關。一個賺很多錢的人一定很聰明，賺不了錢的人智商鐵定不高，沒有人願意被別人視為笨蛋。因此，當市場動盪不安時，人們就好像中學生面對大考一樣坐立難安。

必須承認，商人心裡對於破產存著非理性的害怕，讓他們焦慮難安。阿諾・班奈特（Arnold Bennett）[2]書中的主人翁克雷亨格非常富有，卻總是害怕死在待業所中。我絕不懷疑那些幼年生活困苦的人，極度擔憂害怕他們的孩子也會遭遇同樣的情況，總覺得再多的錢，也無法建構抵禦貧窮災難的堡壘。這樣的害怕可能無法從第一世代身上移除，卻不太可能折磨那些沒受過貧窮痛苦的人。所以對破產的恐懼，可能是我們要討論的問題中一個較次要且例外的因素。

問題的根源在於，人們過分地強調競爭的結果，以至於把它和幸福的源泉畫上等號。我不否認，成功的感覺使人更能熱愛生活。比方說，一個年少時期默默無聞的畫家，一旦才華得到認可，他會感到更快樂。我也不否認，就某些層面來說，金錢能大大地增進幸福，但這是有限度的。總之，我堅信，成功只是構成幸福的元素之一，如果不惜以犧牲所有的一切來得到它，那麼付出的代價實在是太高昂了。

問題的根源在於商業圈裡普遍為人接受的生活哲學。在歐洲，還有其他圈子的人享有尊崇的地位。某些國家有貴族階層；每個國家都有高知識階層；除了一些小國，大部分的國家都有備受尊崇的海陸軍。當然不管職業是什麼，在什麼圈子裡都有追求成功的競爭，但同時，不僅是成功得到尊重，傑出的表現也會受到尊重。一個科學家不一定很會賺錢，但旁人不會因為他收入的多寡而影響對他的尊重；沒有人會訝異傑出的將領並不富有，而在那樣的身分裡貧窮本身甚至是一種榮耀。因此，在歐洲只有在某些圈子裡才會出現純粹為了金錢的競爭，但這些圈子往往不是最有影響力或是最受尊重的。

在美國情況則恰恰相反，公職機關在國民生活中占的比例太小，以至於沒有任何影響力。而那些學有專精的專業人士，因為一般人看不出醫生究竟懂多少醫學，或是律師懂多少法律，因此他們就簡單地用這些人的生活方式和收入，來評斷他們的價值。至於教授，只是商人僱用的僕人，因此也不像以往那麼受人尊重。如此一來，在美國所有階層的人皆模仿商人，再也不像在歐洲一樣有特殊的地位。也因此沒能夠緩和上層社會中常見的對經濟成功的原始鬥爭了。

美國的孩童很早就認為賺錢是唯一重要的事，因此不想浪費時間在任何沒有金

2 編按：英國小說家。

錢價值的教育上。以往，教育被視為訓練人如何享樂的過程——這裡，我指的是那些未受教育的人不能領會的高雅樂趣。在十八世紀，懂得鑑賞文學、繪畫和音樂，是「紳士」必備的能力之一。現在的我們可能不同意他的品味，但是至少該品味是真實的。現在的有錢人是很不一樣的群族。他從不閱讀；如果他開了個畫廊來增加他的名聲，也得仰賴專家幫他選畫。他並不是從看畫得到樂趣，而是因為其他有錢人得不到這些畫而得到樂趣。至於音樂，如果他恰好是個猶太人，那麼也許他真心喜歡音樂。如果不是，那麼他對音樂也和對其他藝術一樣地無知。這都是因為他不知道該怎麼打發閒暇時光的結果。當他愈來愈富有，賺錢也愈來愈容易，容易到一天只要五分鐘就能賺到花不完的錢。成功讓這可憐的人不知所措。只要成功是生命的唯一目的，這樣的結局就不可避免。除非有人教他在成功之後該怎麼運用這分成功，要不然成功將不再令人欣喜。

競爭心理很容易就會入侵不屬於它的地方。以閱讀為例，有兩種動機讓人閱讀：一，你喜歡閱讀；二，你可以藉閱讀來誇耀。在美國的婦女界很流行每個月閱讀（或假裝閱讀）某些書。有的讀完整本書，有的只讀了第一章，有的讀了書的評論，但所有人的桌上都會擺著該本書。然而她們並不閱讀經典名著，她們的讀書會不會選擇《哈姆雷特》或《李爾王》，也沒有哪個月分她們覺得必須讀但丁。所有的閱讀都環繞在極為普通的現代著作。這當然是競爭的產物，但也許情況沒那麼壞，因為這些離經典名著如此遙遠的女士們，如果沒有文學導師的引領，可能接觸的是更普通的書籍。

現代生活對競爭的強調和文明水平的逐漸失格有密切的關係，這樣的情況也發生在奧古斯都時代（Augustan age）[3]之後的羅馬帝國。男人女人變得無法享受知性的樂趣。舉例來說，十八世紀在法式沙龍發展到近乎完美的對談藝術，在四十年前還是活躍的傳統。那是相當精美的藝術，必須傾注所有的官能參與創造稍縱即逝的對話。但我們的時代裡，誰有那種閒情逸致？十年前在中國這藝術正朝完美的境界發展，但在我看來，國民黨傳教士般的狂熱早就將之掃除殆盡。對於優秀文學的知識，五十年或是百年前還廣為受過教育的階級所知，現在只有少數的教授知道。所

3 編按：指羅馬帝國的開國君主屋大維執政時期，為羅馬帝國最輝煌的時期。

有非顯學的樂趣也被捨棄了。曾有美國學生在春天帶我穿過校園邊的樹林，那時美麗的野花盛開，但沒有一個人知道任何一種花的名字。這知識能幹什麼呢？又不能增加任何人的收入。

這個問題不是個人的問題，也沒有任何人可以在個人的範圍內防範它。這個問題起源於社會上普遍為人接受的生活哲學，其中，生命是比賽，是競爭，榮耀歸於勝利者。這樣的觀念讓人過分地強調決心意志，而犧牲了感覺和智能。或許我們這麼說是本末倒置了，清教徒的道德家在現代總是強調意志，雖然原本他們強調的是信仰。也許在清教徒時代創造出一種人，他們過度強調意志，而欠缺感覺和智能，並且採用他們認為最符合天性的競爭哲學。

不管原因是什麼，這些現代恐龍的驚人成功，就像他們史前的模樣，偏愛力量更甚於智慧，而全世界的人都起而效尤：他們已成為各地白人的榜樣，在接下來的數百年裡聲勢逐漸壯大。那些不隨之起舞的人，也許可以安慰自己說，恐龍最後並沒有稱霸天下，他們自相殘殺，而聰明的旁觀者等著接收他們的王國。現代恐龍也在自相殘殺，每個婚姻平均不到兩個小孩，他們沒有這麼享受人生到想要生小孩。

在這個階段，他們從清教徒祖先承襲而來令人過分疲累的哲學，看起來和這世界很不相容。那些對未來悲觀，以至於不願繁衍後代的族類，終會被生物的法則汰換掉。很快地，繼之而生活的會是更歡樂、更幸福的族類。

生命中只有競爭，實在太殘酷、太頑強、太多的咬緊牙關、太多的苦心孤詣，以至於無法建立生命延續的基礎，最多只能延續一兩代。一兩代之後，它只會製造精神衰退，不同種類的逃避症狀，以及追求像工作一樣緊繃、一樣困難的樂趣（因為放鬆已成為不可能的事），最終所有此類的人都消失殆盡，因為已無能再製造新的生命。競爭觀不但毒害了工作，也毒害了休閒。那種安靜且可舒緩神經的休閒讓人覺得無趣。競爭的腳步愈來愈快，最終只有藥物和徹底的崩解才能結束這局面。治療的方法是：承認合理和安靜的享受，是生命理想平衡的一部分。

第四章 —— 無聊與刺激

「無聊」是人類行為的要素之一，但受到的關注太少。它是整個歷史演進的重要動機之一，現在更甚以往。無聊似乎是人類特有的。的確，當動物被關在籠子裡的時候，牠們顯得無精打采，來回踱步，還會打呵欠，但我不覺得動物感知到任何類似無聊的情緒。大部分的時候，動物找敵人或找食物；有時交配，有時取暖。就算牠們不高興的時候，我也不覺得牠們無聊。也許類人猿和人類類似，會有無聊的情緒，但我從來沒和類人猿相處過，所以也沒機會證實這點。

無聊的一個基本要素是將現在的環境和想像中較優的環境對比。另一個要素則是人的感官不能長期緊繃。逃避敵人的追殺，大概不是件快樂的事，但也一定不無聊。一個即將被處決的人，除非他有超人的勇氣，恐怕也不會覺得無聊。就好像沒有人會在上議院的初次演說中打呵欠一樣，唯一的例外是已故的德文郡公爵（Duke of Devonshire），他也因此得到同僚的敬重。無聊基本上就是期望有事發生，卻事與願違，這事件不一定是快樂的事，只要能夠讓倦怠的人可以分辨今天和另一天之間的差別即可。無聊的相反，不是快樂，而是刺激。

人的內心深處渴望刺激，尤其是男性。我想在狩獵時代，這個需求一定較容易滿足。追逐刺激，戰爭刺激，求偶也是刺激的。原始人會和老公沉睡在身旁的女子偷情，儘管他知道萬一丈夫醒過來他必死無疑。這樣的情況，我想一定不無聊。當農業時代來臨，生活開始變得平淡，只有貴族階級例外，因為他們還維持著打獵的習慣。

很多人說機器時代非常地單調，但農業時代也不遑多讓。但我和許多慈善家的論調相反，我認為工業時代大量地減少了世界上無聊的總量。勞工在勞動時間不是孤獨的，夜晚的時候他們也有更多比舊農村能提供的娛樂選擇。看看中下階層人的生活改變。以往，晚餐後，妻子和女兒們收拾好餐桌，每個人團團坐著，開始他們所謂的「快樂的家庭時光」，一家之主去睡了，妻子打毛線，女兒們不是寧願死了，就是希望前往廷巴克圖（Timbuktu）[1]。她們不能閱讀，也不被允許離開，因為理論上這段時間是父親和女兒們對談的時間，她們理當為此興奮、開心。幸運的話，她們會結婚，那麼就有機會給她們的孩子一段一樣慘淡的少年時光。如果她們

1 編按：指地圖上消失的地方，即死後的世界。

沒那麼幸運，孤獨地老去——這和原始人加諸給受害者的命運一樣的悲慘。

幾百年前的世界裡，無聊就是給人這樣的重擔，把時間再往前推些，情況則更糟。想像一個在單調冬季的中世紀農村，人們無法讀寫，日落後只能點蠟燭照明，這小火的煙霧瀰漫在唯一的房間裡，使之不那麼凜冽。道路被封住了，幾乎看不到別村來的訪客。一定是這樣的生活太無聊，促使獵巫行動的誕生，讓冬日的晚上得到生氣。

我們不像祖先那樣無聊，但我們更怕無聊。我們知道，或者寧願相信，無聊不是正常生命的一部分，只要努力追求刺激就可以避免。現代的女人自力更生，因為這樣她們才有能力追求刺激，逃避祖母輩得苦熬過的「快樂的家庭時光」。每個人都住在城鎮裡。在美國，那些沒有辦法住在城鎮裡的人有車，可以帶他們到電影院去。當然在家裡他們有收音機。年輕男女比以往來得容易見面，而家庭裡的女傭每個禮拜都起碼有一次追求刺激的機會，而那就足以令珍．奧斯汀筆下的角色在整本小說中持續期待著了。那些負擔得起的人，總是到不同的地方尋樂、跳舞、喝酒，好像在新的地方這些活動就更有意思些。那些必須工作的人，必定在工作之中忍受著一定程度的無聊，而那些有足夠金錢不需要工作的人，認為理想的生命就是完全沒有無聊的生命。這當然是很高貴的理想，我當然難以非議，但這理想恐怕就像其他理想一樣，總是比理想家想像地更加難以實現。到頭來，早晨的無聊程度是和前晚的歡樂程度對比而來的。

人生有中年，也有老年。二十歲的年輕人認為人生三十就結束。我現在五十八歲了，可不能那麼想。也許揮霍掉一個人的生命和花掉一個人的財產同樣不明智。也許無聊本就是生命無可避免的一部分。想要擺脫無聊是很正常的，任誰如果有機會都想擺脫。當美洲原住民第一次從白人那邊嚐到酒的味道時，他們發現終於有個辦法可以擺脫古來的單調，除非政府干涉，他們會喝到爛醉如泥。戰爭、屠殺、迫害都是人想出來擺脫無聊的方式，就連和鄰居爭吵也比什麼都沒有好。對於道德家來說，無聊是很重要的問題，因為人類一半的罪惡都是從害怕無聊而起。

然而，別把無聊看得一無是處。無聊有兩種，一種促進成長，一種導致僵化。藥物在促進成長的無聊中缺席，而活動的缺乏會導致僵化的無聊。我可不是說藥物對生命沒有正面意義。舉例來說，很多時候，聰明的醫師必須要給病人類鴉片的藥物，而這樣的時候遠比禁鴉片者所想的還要多。但是不能因為生理衝動，就對藥物的渴求毫無約束。如果全然依賴藥物，一旦失去藥物來源，治療的方式除了時間沒有其他。但適度使用藥物的觀念，也多少適用在刺激上。一個滿是刺激的生命讓人疲累，要得到快樂變得要尋求更多的刺激。一個慣於刺激的人，像是對胡椒有病態的渴求，最終對讓每個人都會嗆到的量也毫無感覺。為了避免過度的刺激，適度的無聊是必要的，太多的刺激不但有害健康，也會讓所有樂趣都平淡無奇，它用淺度的騷動代替深度的滿足，用聰明代替智慧，用新奇代替美麗。我不想過度反對刺激，適度的刺激是好的，但是就像所有其他事物一樣，不宜過量。太少導致病態的需求，太多則製造精神耗竭。擁有承受無聊的力量是快樂生命的基礎，而我們必須教導年輕人這一點。

再偉大的作品也會有無聊的部分，所有偉大的生命也包含平淡的區段。如果《舊約全書》的手稿被當作新作品，送給現代的美國出版社審核出版，很容易想像的到，大概會得到這樣千篇一律的評論：「親愛的作者，」他會這樣開頭，「這章節缺乏能量；你不該期望讀者會對一串名字感到興趣，尤其這些名字背後的故事揭露得又是如此的少。我必須承認，你得用較優的方式開始你的故事。一開始我的確感到興趣，但是你想要說的太多。請挑精采的描述，略過那些多餘的細節。等你把書刪減到合理的長度之後，再把手稿送回來。」現代的出版社會這麼說，因為他們知道讀者怕無聊。他們對其他類似的作品也會有同樣的評論，像《論語》、《可蘭經》或是馬克思的《資本論》，以及其他聖人哲言。不但這類的作品是這樣，所有最好的小說也包含平淡的片段。如果一本小說從第一頁到最後一頁都有亮點，這一定不會是本好書。

偉人的生命也只有在某些時段大風大浪。蘇格拉底享受不定期的宴會，就算毒草的毒性開始發作，他也可以從對話中得到樂趣。[2]但大部分的時候，他安靜地享受和妻子共處的日子，下午的時候散散步，偶爾和幾個朋友碰碰面。康德這輩子也沒到過哥尼斯堡（Königsberg）十英哩外的地方。達爾文環遊世界之後，在家中度過餘生。馬克思在搞起幾個革命之後，也決定在大英博物館過他的晚年。安靜的生

2 編按：蘇格拉底被雅典法庭以造神、腐蝕青年思想的罪名判死刑，最後飲下毒堇汁而死。

活似乎是偉人的特點，而他們的生活也不如外界所想的刺激。所有偉大的成就都需要持之以恆的努力，需要完全的投入，以至於無法有多餘的力量去尋找讓人勞累的娛樂。當然在週末假日從事恢復體力的活動例外，例如登山。

對單調生活的承受能力，是童年時就應該養成的習慣。現代的父母都失職了。他們給孩子太多的被動娛樂，像是表演或美食，卻不知道對孩子來說，學會和單調生活共處是相當重要的。孩子們在孩提時的主要樂趣，應該是需要花勞力和心力取得的，而非坐著不動即可以享受相當具刺激性的娛樂。這樣的娛樂和藥物沒有什麼兩樣，很快地胃口會愈養愈大，而不需要任何生理上的活動即可享受刺激是違背天性的。小孩子像小幼苗一樣，要長得好，應該讓他在固定的地方安穩地、不受打擾地成長。太多旅遊，太多大開眼界，對年輕人是不好的，只會讓他們長大後無法適應積極性的單調。並非單調有好壞之分，而是有時候要成就好事，某種程度的單調是必須的。舉華茲華斯（William Wordsworth）[3]的長詩《序曲》（*Prelude*）為例，對每個讀者而言，這個結論淺而易見：有閱歷的都會青年不可能體會到華茲華斯的想法和感情的價值。如果一個年輕人，為了成就某嚴肅的建設性目標，了解到承受單調是必須的，他就會自願去承擔。假使他的成長過程中老是被其他事情分心，放蕩不羈，那他不太能設想建設性的目標，因為他容易被周遭的事物誘惑，無法專心在遠處的成就。因此，一個無法承受單調的世代，是無法成就大事的世代，他們對於自然的緩慢過程感到脫節，就像花瓶裡的花一樣，慢慢地失去活力而凋零。

我並不喜歡使用神祕性的語言，但是我卻只能使用看起來富有詩意，不具有科學性的語言才能夠表達我的觀點。不管我們怎麼想，我們都是地球的生物。我們是地球的一部分，就好像動植物一樣，我們從地球得到養分。地球生命的韻律是緩慢的，秋冬季和春夏季一樣重要，休息和活動一樣重要。孩子比成人更應和大地的節奏同調、保持接觸。幾世紀下來，人體已經習慣並且採用這韻律，宗教（如復活節）也體現了對這種節奏的適應。

我曾經看過一個在倫敦長大的孩子，直到兩歲才第一次到鄉間，接觸到綠意。那時候是冬季，到處都因潮溼而泥濘不堪。在大人眼中，這樣的景色有什麼樂趣？

3 編按：英國浪漫派詩人，與雪萊、拜倫齊名。

這孩子卻興高采烈地手舞足蹈；他跪在溼地上，把臉藏到草叢間，用難以辨認的語言高喊出他的快樂。該份快樂是原始的、簡單的、巨大的。生理上的需要得到深度的滿足，缺乏這分滿足的人，很難說是正常的。

很多娛樂，像是賭博，和地球一點關聯都沒有。當這樣的娛樂結束時，只留下讓人覺得骯髒、不滿足、不知道還要追求什麼的感覺。這樣的娛樂無法和真正的快樂畫上等號。相對的，那些和地球有關聯的樂趣，也許看起來並不像前述的娛樂那麼刺激，卻能帶給我們深層的滿足，結束時仍餘韻繞樑。這兩種娛樂的分別對社會各階層的人是一樣的。剛剛說到的那個兩歲男孩，展現了與大地合為一體的最原始形式。較高層的形式則可在詩中體現。莎士比亞的美妙詩句，像是「聽，聽，那雲雀」或是「來到這片黃沙灘」，字裡行間展露出來的情緒和那兩歲孩子令人難以辨識的快樂呼喊是一模一樣的。或是再比較一下愛情和純粹的性吸引力的分別。如果我們感受到愛情，我們就像乾旱後受雨水滋潤洗禮的植物一樣，得到重生感到清新。無愛的性交則找不到這些感覺。當性交的樂趣結束的那一刻，疲累、嫌惡、對生命的空虛感隨之而來。愛是地球生命的一部分，無愛的性則否。

現代都會人遭受的特殊形式的無聊，和他們與地球脫節密不可分。就好像在沙漠裡行進朝聖，它讓人酷熱、骯髒、口渴。對於那些富有到可以選擇自己生活方式的人而言是矛盾的，他們之所以會承受這樣的無聊，起因於對無聊的害怕。為了從有建設性的無聊裡掙脫，他們得到最糟糕的那種無聊。快樂的生命必須是安靜生命的延伸，因為只有在安靜的環境裡，真正的快樂才得以存活。

第五章 — 疲勞

疲勞有很多種，其中有些比其他因素對快樂的妨礙更為嚴重。生理疲勞若適度的話，還可以是快樂的成因，因為它讓人睡得更好，胃口大開，開心地期望假日的來臨。但如果疲勞的程度太高，則變成相當嚴重的惡。

舊日的農村女性，除非從事較高階的工作，要不然三十歲時就因為過度操勞而老的不像話。早期的工業社會，年輕孩子也因為過分勞動而妨礙成長或是死亡。在工業發展剛起步的日本和中國，這樣的例子仍然隨處可見，有時候這樣的案例也出現在美國南方。生理上過分的勞動是痛苦的折磨，讓生命難以忍受。不過當工業條件改善時，生理疲勞的情況已經被局限住了。在現今的發展社會，最嚴重的疲勞問題則是精神疲勞。這樣的情況在商人以及用腦力賺錢的階層比勞動階層更為嚴重。

要從現代社會的精神疲勞掙脫，是件非常困難的事。首先都市的上班族，不但在上班時間需要忍受噪音，通勤的時候也不例外。的確，很多人已經學著假裝聽不見，但是為了讓意識中聽不見這些噪音，潛意識要花的工夫也把這個人折磨殆盡。另外一個造成精神疲勞但少為人注意的原因，則是我們必須常常和陌生人打交道。人的天性和其他動物一樣，經常性地觀察陌生的同類，再決定以和善的或是敵視的態度來面對。

在尖峰時段利用地下鐵通勤的人也繼承了這個天性，因此這些人對於非自願接觸的陌生者，總有著愈演愈烈的敵意。然後還有早上因為趕車造成的消化不良。因此，在抵達辦公室展開一天的工作之前，這些身著黑西裝的上班族已經精神耗損，看其他人都不順眼。他的雇主也帶著一樣的心情走進辦公室，無法幫助員工緩解緊繃的精神。因為害怕被解僱，員工假意尊敬，但這種不自然的情緒更是增加精神的壓力。如果每週員工都可以捏捏雇主的鼻子，或是告訴雇主心中所想，那麼緊張感大概可以舒緩。但是雇主也有其煩惱，這種作法對他一點幫助也沒有。員工害怕被解僱，雇主害怕破產。

當然有些雇主的事業夠大，不需要擔心破產，但是要到達這樣的規模需要很多年的艱辛努力，在這段過程當中，他們必須隨時注意世界情勢，洞悉競爭對方的謀略。等到他終於取得成功，精神也已然崩潰了，他無法擺除過去需要的焦慮，因為焦慮已經成為他的習慣。他們的下一代也比一般人來得焦慮。他們賭博惹惱父親；為了追求享樂減少睡眠時間，弄得身體每下愈況。到了要成家立業的時候，他們已經和父親一樣無法享受快樂了。無論自願與否，出於選擇或需求，現代的人活得緊張兮兮，不靠酒精就沒辦法享受。

撇下愚蠢的有錢人不談，讓我們看看那些平常人，他們的疲勞和必須辛勤工作才能謀生息息相關。這些人的疲勞大部分是因為擔憂，而我們可以靠較好的生活哲學以及心理規範來防範擔憂。

很多人都控制不了自己的思緒。我想說的是，儘管已經盡人事了，還是沒有辦法停止擔憂。男人把生意上的煩惱帶到床上，當他們正需要好好養足精神面對隔天的問題時，卻翻來覆去想著已然成定局，做什麼都於事無補的問題。他們並非為了明日事務的改善而思考，而是因為遭受失眠的侵擾而胡思亂想。午夜的瘋狂紛亂在早晨還緊隨著他們，影響他們的判斷力，讓他們易怒、挫折容忍度下降。聰明的人只有在對該問題有助益時思索問題，其他的時候則想其他的問題，晚上就乾脆讓腦袋休息。

當然，我不是說當遇到非常狀況時，比如破產或伴侶出軌，人真能什麼都不想，只有少數訓練有素的心靈可以做到。但是在正常的情況下，除了須立即處理的事之外，應該將日常裡的尋常煩惱暫時擱置。在正確的時間思考問題，而不是隨時隨地不適宜地想著問題，可以提升快樂和效率。當你必須做一個困難的決定時，只要所有的資料都到手了，就盡最大的努力好好思索，然後下決定。只要下了決定，除非得到新的資料，要不然就別反反覆覆。沒有什麼事情比猶疑不決來得更徒勞了。

了解導致焦慮的事情其實沒有什麼重要性，也可以大大減低擔憂。我常常需要公開演說，一開始時，我害怕每個聽眾，緊張更是讓我表現不好。我對於公開演說害怕到每次開演前都寧願斷腿來迴避它，結束後總因為精神緊張而累得半死。逐漸地我學會放鬆，我告訴自己，世界不會因為我的表現而改變。我發現愈不在意自己的表現，反而表現得愈不差，精神緊張的狀況也慢慢好轉。

這種方式可以用來應付很多精神疲勞。我們的表現不像我們以為的那麼重要；我們的成功失敗到頭來其實也就是那麼一回事。我們可以熬過極度悲慘活下來。很多看似深不見底、終結快樂的悲傷，也將隨流逝的時光被淡化、遺忘。有個事實是超越所有以自我為中心的考量：一個人的自我在世界上無足輕重。一個能專注在自我以外的人，一定可以在生活的紛紛擾擾中找到平靜，而一個純粹的自我主義者則不然。

精神衛生學（hygiene of the nerves）這門學問太少人研究了。工業心理學的確對疲勞做了很精密繁複的研究，根據蒐集到的統計數字證實出：如果你長時間持續做某件事情，最後一定會疲累——這個結論就算沒做什麼科學研究也可以猜想得出來。心理學家對疲勞的研究集中在肌肉的疲勞，雖然說也有一部分的研究著重在學生的疲勞。但以上這些都沒有觸及到重要的問題。

在現代社會中最重要的疲勞一定和情緒有關。純粹的知性疲勞和純粹的肌肉疲勞一樣，可以靠睡眠來恢復。一個從事不涉及情緒、完全與知性相關的工作——像是精密的計算——晚上的睡眠可以將這天消耗的知性精力補充回來。但是超時工作之所以造成危害，起因不是這類的消耗，而是擔憂和焦慮。情緒疲勞的問題在於它會干擾休息。一個人愈疲勞，就會覺得疲勞愈難消除。瀕臨精神崩潰的症狀之一，是過度看重工作，甚至認為一天的休息可能帶來可怕的災難。如果我是醫生，我開給他們的藥方就是放假。事實上，很多看起來由工作造成的精神崩潰，其實是肇因於病人的情緒問題，而他只不過想要用工作來逃避生活中的不幸，無論是何種形式的不幸。當然也可能是因為害怕破產，但這份擔憂可能會導致他超時工作，以至於判斷力變差，反而加速破產。這些案例的問題都不在工作，而在於導致崩潰的情緒。

擔憂的心理學絕不簡單。我之前提到過心智訓練（Mental Discipline），也就是培養心智在正確的時候想事情。這訓練有其重要性：第一它可以減少工作時思想的消耗，第二它能幫助失眠，第三它能提升做決定的效率和智慧。但是這類方式並沒有觸及潛意識或者無意識，當問題嚴重時，除非我們能夠穿透意識否則找不到解答。

心理學家針對無意識對於意識的影響做了很多研究，但是反過來意識對於無意識的研究則寥寥無幾。然而後者對於心智衛生是相當重要的，我們必須了解理性的信念是否可以在無意識的領域發揮作用。這尤其在擔憂這個議題上格外重要。告訴一個人他擔心的不幸就算發生了也不會那麼嚴重很簡單，但是只要這份擔憂仍停留於意識中，到了晚上惡夢還是會產生。我相信如果注入足夠的能量和強度，是可以把意識的信念植入到無意識中的。無意識包含了很多原本存在於意識具有高度情緒能量的念頭，只是都被深深地埋藏起來。如果可以刻意地埋藏某些念頭，就能更有效地使用無意識來做些有用的事。

以我的親身經歷為例，如果我必須撰寫高難度的題目，最好的計畫就是集中能量去想這個題目——我能夠達到的最大強度——過了幾個小時或是幾天後再下達命令，這份工作就暗自開始運作了。幾個月後，當我有意識地回到這個寫作的題目，就發現一切都水到渠成了。在我發現這個技巧之前，我經常花數月的時間擔憂，因為一點進展都沒有。我並沒有因為擔憂而提早解決問題，而那幾個月的時間就這樣被我浪費了，但現在我可以把那些時間用來做別的事情。類似的過程也可以用來對付焦慮。當面對不幸的威脅，嚴肅深刻地思索最壞的情況。正面的檢視這份可能的不幸，給自己強而有力的理由相信一切不會太糟。這樣的理由總是存在的，因為最壞的結果都不致天崩地裂。當你很認真地以最壞的打算檢視它，也確信「嗯，到頭來，也沒有太嚴重嘛」，那麼你會發現原本的擔憂已經大大減少了。也許必須重複這個過程好幾次，但若你不逃避，勇於面對，最後就會發現你的擔憂已經消失無蹤，取而代之的會是某種激昂的情緒。

這是用來避免恐懼的尋常技巧之一。擔憂是恐懼的一種形式，所有形式的恐懼都會導致疲勞。學會克服恐懼的人會發現一天中的疲勞降低許多。最具危害性的恐懼形式，發生在我們不願意面對某種危險的時候。在無預警的時刻，恐懼直直地射進我們的心中。恐懼的對象因人而異，但每個人心中都有某種潛伏著的恐懼。也許是癌症，也可能是破產，或者不名譽的秘密被揭發、被嫉妒的懷疑所折磨、擔憂小時候聽到的恐怖故事是真的而輾轉難眠。

所有的人大概都用不對的方式來處理恐懼，當恐懼上心的時候，他們嘗試藉由別的事來轉移注意力。不面對會讓恐懼變得更糟。面對恐懼的正確方式應該是理智地、冷靜地、相當專注地思考，直到恐懼變得熟悉。最終熟悉感會讓恐懼變得平淡無奇，甚至無趣。如果你發現自己長期被某些事情所擾，最好的方式就是加倍地、努力地去思考它，直到恐懼感被消磨掉為止。

現代社會缺乏處理恐懼的正確態度。男人被要求具備體魄上的勇敢，尤其是在戰爭中，但是社會卻不期許男人有其他種類的勇敢，而對女人則不期許有任何的勇敢。一個勇敢的女人必須隱瞞她希望男人喜歡她的事實。社會對於體魄之外的勇敢相當有偏見。舉例來說，漠視公眾價值觀被視為挑釁，公眾會盡其可能處罰這個膽敢藐視權威的男人。這些和應該存在的情形恰恰相反。不管是在男人身上或是女人身上，任何形式的勇敢都應該獲得讚許。在年輕男人身上見到一般的體魄勇敢，表示如果社會要求，其他種類的勇敢也可以培養出來。多一些勇敢，就會少一些擔憂，進而少一些疲勞。因為男人和女人蒙受的精神疲勞，很大一部分是由恐懼而來，不管他們是否意識到。

疲勞很常見的一個成因則是對刺激的愛好。如果一個男人可以得到充足的睡眠，就能保持健康，但是沉悶的工作讓他覺得需要娛樂。問題在於那些唾手可得的樂趣，以及那些膚淺卻誘人的樂趣，都是消耗精神的。對於刺激的需求超過某個程度，是扭曲人格或是某種基本的不滿足的徵兆。

以往，在愉快的婚姻裡，大部分的男人都不覺得有追求刺激的需要，但是現代人一定得等到經濟情況許可才結婚，因此婚期大大延後，在婚前的這段時間裡，人們已經培養起對刺激的習慣了。如果社會允許男人在二十一歲的時候結婚，且不需要承擔和婚姻相繫的經濟包袱，那麼男人就不會耽溺在這些刺激的娛樂中了。然而，做這建議是不道德的，看看林賽法官（Judge Linsey）[1]的命運，儘管他從事光榮的工作一輩子，他仍然遭受謗議，而他想做的只不過是想把年輕人從老一輩的偏執裡拯救出來。我暫不在這裡進一步討論這個問題，因為它是在「嫉妒」的課題下，下一章再討論。

對於不能改變法律也無力改變社會制度的個人來說，真的很難處理由壓抑的道德家創造出來且致力延續的局面。雖然說在滿足人心的快樂難以取得的情況下，不靠刺激的幫助讓人難以忍受生命，然而，了解刺激性的樂趣不是通往快樂的道路還是有價值的。在這樣的情況下，一個謹慎的人可以維持理性，不讓自己沉溺於令人疲累的娛樂，而導致喪失健康或影響工作。治療年輕人問題的積極辦法是改變社會的道德觀。同時間，年輕人該好好想想他終究會結婚，選擇一種會損耗精神且令人不輕鬆的生活方式，會導致不幸福的婚姻。

1 編按：美國法官，也是一名社會革命家。

精神疲勞的一個惡劣的特徵，是它好像一道屏風，阻隔了人和外在世界的聯繫。外在世界在他眼中變得黯淡又扭曲。除非被一些小技巧或是行為擾動，他也不再注意人群。他不再享受餐點也不再欣賞陽光，只執著在某些物件上，對其他則視而不見。這樣的狀態讓他難以休息，疲勞於是持續地增加，最後需要醫藥的幫助。這就是上一章提及的和大自然脫節所遭受到的懲罰。但是現代的都市人口一直增長，究竟怎麼樣才能保持和地球的聯繫，絕對不是簡單就能知道。然而，在這裡我們又發現到我們處在極大社會問題的邊緣，而這並不是本書想闡述的重點。

第六章——嫉妒

嫉妒大概是僅次於擔憂造成不快樂的強勁成因之一，它可說是隨處可見，深植於人心的情感。一歲前的孩子就可以看出嫉妒的現象，教育者必須秉持尊重小心翼翼地處理這個行為。偏愛某個孩子多一點而輕忽了另一個孩子，很快地就會被孩子們發現並且表達憤慨。和孩子們相處必須表現出嚴格而且要絕對的公平。和成人相較孩子們的嫉妒表現只是稍微明顯些罷了。嫉妒在成人間也是一樣的普遍。舉例來說，當我告知家裡懷孕的女傭不需要再做提重物的工作後，其他的女佣也不願意提重物了，任何類似的工作我們都必須親自來做。

赫拉克利特（Heraclitus）[1]曾宣布以弗所（Ephesus）的市民都該被吊死，因為市民說：「我們之中誰也不能成為第一。」這樣的情緒鐵定啟發了希臘諸邦的民主進程，現代的民主發展也不例外。當然在民主之上有種理想理論，闡述民主是最好的制度，我個人也認為該理論是正確的。但是在實際的政治活動中，沒有一種理想理論能引起巨大的變革。當某些巨大的變革發生了，那些理論總是隱蔽背後真正驅動改變的情感。而這種情感無疑是嫉妒。讀讀羅蘭夫人（Madame Roland）[2]的自傳，她常以為人民獻身的貴婦形象出現，但是你會發現讓她成為激烈的民主改革者的背後原因，是因為當她參觀貴族的城堡時被帶到僕人房接見。

在一般的尊貴女性階層，嫉妒占了很大的一部分。假設你在地下鐵等車，一個衣著華貴的女性走過了車廂旁，看看其他女性看她的眼神。除了那些比她穿得更好的女性外，你會發現所有的女性都以一種惡毒的眼神看著她，並且努力想著如何貶低她。對於醜聞的愛好就是這類貶低行為的反應：任何詆毀另一位女性的故事，就算證據非常單薄，也會馬上就被相信。偉大的道德其實也是一樣的：那些有機會犯罪的人被嫉妒，而懲罰那些犯罪者被視為高貴的行為。這種特殊形式的美德本身就是它的獎賞。

嫉妒也存在於男性，但和女性仇視所有女性不同，男性多半仇視和他在同一個工作領域的男性。你曾經魯莽地在這個藝術家面前稱讚另外一位藝術家嗎？或者在某個政治家前稱讚同黨派的另一個政治家？或者在一個埃及古物學家面前稱讚另一

1 編按：古希臘哲學家。
2 編按：法國大革命時期著名的政治家。

位埃及古物學家？如果你曾經這麼做過，那我敢說你一定曾引爆嫉妒的情緒。在萊布尼茨（Leibniz）和惠更斯（Huygens）的來往信件中，多次哀悼牛頓的精神狀況：「真是令人傷心啊」，他們在給對方的信中寫著，「無人能出其右的天才牛頓先生居然喪失理性判斷的能力？」而這兩位傑出的學者，在一封封的信件中，貓哭耗子假慈悲地透露出他們的幸災樂禍。事實上，他們悲悼的事情根本就沒有發生，關於牛頓的謠言之所以產生，只是因為某些稍微古怪的行為罷了。

在人類的許多特點中，嫉妒真是最不幸的那一種。易妒的人在不受罰的情況下會希望他人不幸，同時也造成自己不快樂。他不從自己身上挖掘快樂，倒是從別人那兒取得痛苦。有機會時，他剝奪他人的優勢，這樣做比創造自己的優勢還要令他開心。如果這樣的情感無限上綱，會毀壞人的所有卓越能力。為什麼醫生可以開車，勞動階級卻必須走路？為什麼科學家可以在溫暖的房舍內工作，而他人卻必須忍受嚴酷的天氣？為什麼擁有重要的罕見技能的天才不需要做勞苦的家事？嫉妒無法回答這些問題。幸好人類有種互補的情感，也就是欽佩。如果想要增進人類的幸福，我們必須增加欽佩，減少嫉妒。

什麼可以治療嫉妒呢？聖者有辦法擺脫自私，但是嫉妒在聖者間也不是不可能發生。我懷疑當聖者西蒙．斯泰萊特（St Simeon Stylites）發現，另外一個聖者可以站在更窄的柱子上更久，他是否會真心地快樂？但撇開聖者不談，治療一般人的嫉妒的藥方是快樂，但難處在嫉妒本身是得到快樂的障礙。我認為在孩提時遭遇到的不幸會放大嫉妒。一個孩子如果認為他的兄弟姊妹得到較多的關愛他會因此養成嫉妒的習慣，當他走入世界時，他會對於讓他成為受害者的不公平事件特別敏感，甚至有被害的幻想。這樣的人無疑是不快樂的，他會惹惱朋友，因為朋友沒辦法小心翼翼地留意每件事免得引起他的猜疑。打從一開始就認為沒有人喜歡他，最後他的行為也會讓別人討厭他。另外一個類似的童年不幸則是缺乏父母之愛，缺乏父母之愛的孩子會認為別家的孩子比他更受寵幸福。這導致他恨別的小孩，也恨自己的父母，當他長大了覺得自己就像是以實瑪利（Ishmael）[3]。每個人生來都有權利享有某種快樂，若是這種快樂被剝奪了，人生就會變得扭曲而且痛苦。

3 編按：《聖經》中亞伯拉罕和女僕所生下的孩子。

但嫉妒的人會說：「你告訴我治療嫉妒的方式是快樂有什麼用？如果我持續地感到嫉妒，我沒有辦法找到快樂，而你告訴我，我只有找到快樂之後才能停止嫉妒？」實際的生活不是這樣邏輯化的。只要了解嫉妒的成因就是向治療嫉妒邁進了一大步。老存著比較的念頭是致命的。當愉快的事情發生時，該做的是盡情享受，而不是停下來去想，比起別人的幸福感，這其實沒什麼值得快樂的。「是的」，嫉妒的人這樣說，「現在陽光燦爛，正是春天時光，鳥兒鳴唱，花兒盛開，但是我認為西西里島的春天比這好個一千倍，赫利孔山（Helicon）的鳥兒鳴唱地更加優美，沙崙（Sharon）的玫瑰花則比我花園裡的更加嬌豔。」當他這樣想的時候，日光變得黯淡，鳥語變成無意義的嘰嘰喳喳，花兒也不值得一看。他用一樣的態度對待生命中其他的樂趣，他會對自己說，「我心中的女人很可愛，我愛她，她也愛我，但如果她是示巴女王，一切該變得多麼美妙。啊，如果我有像所羅門一樣的機遇。」這樣的比較都是無意義且愚蠢的。不管示巴女王還是隔門的鄰居造成我們的不舒服，兩種念頭都是一樣的無謂。

聰明的人是不會因為看見他人的富足而放棄自己既有的快樂。事實上，嫉妒是一種罪，一部分是道德上的，一部分是智能上的，嫉妒讓人看不到自己所擁有的，只看到別人有的。舉例來說，目前我的收入夠用了，我應該很滿足，但我聽說一個不比我優秀的人賺的錢是我的兩倍，如果我是個嫉妒的人，我的滿足感會逐漸淡去，對不公平的憤慨囓食我的心靈。心智訓練可以恰當地治療這樣的行為，我們需要培養斷除無益念頭的習慣。到頭來，什麼會比快樂更值得嫉妒呢？如果我能治癒我的嫉妒，那麼便可以得到快樂，成為值得嫉妒的人。那位有我兩倍收入的人，無疑地也被嫉妒的念頭所折磨，以此類推。如果你冀望榮耀，你也許會嫉妒拿破崙。但拿破崙嫉妒凱撒，凱撒嫉妒亞歷山大大帝，亞歷山大大帝，我敢說，嫉妒大力士海克力斯（Hercules），而這個神話人物根本就不存在。因此你不能光靠不斷地獲得來擺脫嫉妒，因為你總是可以在歷史上或是神話中找到比你更成功的人。要擺脫嫉妒可以靠享受真實存在的樂趣，做好份內的工作或是避免和想像中的人物比較。

不必要的謙遜也會造成嫉妒。謙遜是一種美德，但我懷疑這份美德發揮到極致是不是還值得為人稱道。謙遜的人需要太多的再三保證，而且不太敢嘗試他們絕對有能力做到的事情。謙遜的人總認為他們的同僚比他們更加優秀，於是他們很容易產生嫉妒感，病態的意念於焉產生。因此我認為我們該培養孩子的自信。

我不相信有哪一隻孔雀會嫉妒另外一隻孔雀的尾巴，因為每一隻孔雀都相信自己的尾巴是世界上最漂亮的。這使牠們成為溫順的鳥類。試想如果教導孔雀自我感覺良好是邪惡的，孔雀會變成多麼的不快樂？每當牠看到別的孔雀開屏，牠會告訴自己：「我不可以想像自己的尾巴比牠的尾巴更漂亮，因為那樣想真是太虛榮了，但是，哦，我真希望我的尾巴比牠的漂亮。那隻可惡的孔雀還真認為牠的尾巴很漂亮！我是不是該拉掉牠的羽毛？這樣也許我就不用再害怕與牠比較了。」也許牠會布下陷阱，那麼牠真變成了一隻邪惡的孔雀，做出一些可怕的行為，讓牠必須到孔雀的領袖跟前懺悔。領袖會下這樣的一個結論，所有擁有特別漂亮尾巴的孔雀幾乎都是邪惡的，於是牠會找出謙遜但是只有窸窣羽毛的孔雀。這個邏輯一旦被接受後，所有的漂亮孔雀都得處死，最後漂亮尾巴只能成為記憶中的模糊印象。這就是嫉妒偽裝成道德的勝利。但當每隻孔雀都覺得自己比別隻孔雀光彩的時候，就不會有這樣的壓迫了。每隻孔雀都愛極自己的尾巴，並認為自己最美。

當然，嫉妒和競爭有很強的關聯性。我們對於不可能企及的財富不太會嫉妒。在社會階層固定的遙遠時代，神決定了階級，下層階級並不嫉妒上層階級。乞丐不嫉妒億萬富翁，但他們嫉妒比他們更成功的乞丐。現代的社會階級狀態並不固定，加上民主和社會主義的平等學說，把嫉妒的範圍推得更加廣大。這是一種惡，但是這是創造更公正的社會的必要之惡。

當我們理性地思考不平等的問題，除非這不平等是根據其應得價值的結果，否則就會發現其中有著不公正的情形。只要情況看起來不公正，嫉妒便無法消除。嫉妒因此在我們的時代占據了重要地位。窮人嫉妒富人，窮國家嫉妒富有的國家，女人嫉妒男人，堅守道德的人嫉妒那些不守德卻未遭受懲罰的人。雖然說嫉妒是帶出不同階層、不同國家以及不同性別間的公正的主要驅動力，但嫉妒創造出來的公正也正是最壞的，它減低了幸者的快樂，而不是增加不幸者的快樂。在私人生活上造成浩劫的這種情感，也會在公眾領域造成災難。我們不應該假設嫉妒這麼邪惡的東西可以創造出什麼好東西。那些想要改變社會制度的有志之士，得期望嫉妒之外的力量來驅動社會改革。

所有的壞事情都是環環相扣的。此中，疲勞經常是嫉妒的成因。當某個人覺得自己對負責的工作不適任也不滿意，於是開始嫉妒其他人相對輕鬆的工作。因此減少嫉妒的方式之一就是減少疲勞。但是最重要的還是得尋求一個能滿足基本需要的生活方式。很多嫉妒看起來和職業相關，實際上卻和性有關。一個對婚姻和孩子相當滿意的男人，只要他有足夠的收入好好養家，就不容易嫉妒那些更有錢或是更有成就的人。人的基本快樂很簡單，簡單到複雜的人無法承認他們缺乏簡單的快樂。

前文提到那些嫉妒他人衣著華貴的女人，其實他們缺乏的是最基本的快樂。如今，擁有基本快樂的人很少。文明在這一點上似乎已經誤入歧途。如果想要這世上少些嫉妒，我們就必須找到治療社會現況的方式，如果找不到，文明就可能因為仇恨亂舞而瀕臨滅絕的危機。

在舊時代，人們只嫉妒他們的鄰居，因為他們對世界的認識太少。現代由於教育和媒體，大家對於各式各樣的人都有了普遍的認識。從電影中，他們知道了富人的生活方式；經由報紙，他們知道外國發生的罪孽；經由宣傳話語，他們知道其他種族的劣跡。黃種人恨白種人，白種人恨黑人，以此類推。你可以說是宣傳擾起這許多的仇恨，但這樣的解釋太膚淺。為什麼宣傳擾起仇恨比掀起親善來得容易？顯然現代社會的人心仇恨比和善還多。為什麼會仇恨呢？因為他們不滿足，在心底的深處或無意識地認為自己的生命失去意義，得到上天賦予的最大快樂的總是別人。

和原始世界的人比較起來，文明世界中的快樂總和比以往還多，但是人們追求的也更多。當你帶孩子們到動物園時，當人猿不在從事某些運動或是剝堅果的時候，也許你會觀察到一股奇怪的無力的落寞。推測這也許是因為牠們想成為人類卻不知道該怎麼做。在演化的過程中，他們被拋在後頭。

一樣的無力感和痛苦好像也在文明人類的靈魂裡。他知道有些改善的方法伸手可及，但是卻不知道在哪裡可以找到，也不知道如何得到。絕望中他向同類發洩，而他的同類和他一樣失落，一樣不快樂。我們在演化上只走了一段路，還不是最終的目的地。必須趕快到下一個階段，因為如果我們不快些大部分的人都會在路上陣亡，剩下的人則會迷失在疑惑和恐懼的叢林裡。因此，儘管嫉妒這樣邪惡，造成的後果如此惡毒，卻非全然是魔鬼。它是英雄式的痛苦表現，受難者摸黑跋涉走過黑夜，也許抵達一個更好的地點，也許走向死亡和毀滅。

在絕望的文明社會中的人若想要找到正確的路，必須像擴展知識一般擴展心靈，他必須學著怎麼超越自己，只有這樣做才能得到自由。

第七章——罪惡感

我們在第一章已經稍稍聊過罪惡感，它是造成成年生活不快樂的重要心理成因之一，因此我們在這一章更完整地談論這個議題。

傳統上對罪惡的觀念，不為現代心理學家所接受。傳統上假設，尤其對基督教的新教徒更是如此，良知會告訴人他忍不住犯下的行為是不是罪惡的，認罪之後，這個人可能會承受兩種不同的痛苦情緒：第一種叫做懺悔，不過光是懺悔無濟於事；第二種，叫做悔改，可以洗清犯下的罪惡。在新教徒國家中，也許很多新教徒已經不再維持原先的信仰，卻仍然接受這種罪惡的標準定義，或是從其延伸出來的定義。

現代，也許是因為心理學的研究，我們開始有相反的想法：不但那些非典型人物拒絕罪惡的舊定義，那些認為自己很典型的人物，也開始拒絕該定義。良知已經不再是什麼神祕的觀念，也因為它不再神祕，也不再被視為神的聲音。我們知道良知的責成範圍因地而異，但基本上來說，它和各地方的社會習俗闡揚的觀念是一致的。那麼，當某人的良知刺痛他的時候，究竟發生了什麼事呢？

事實上，良知這個詞語包含了很多不同的意思。最單純的一種就是害怕被揭發。我相信你是坦蕩蕩的，但是你可以問曾經犯下一旦被揭發就會被懲罰的罪行的人，看看他們會怎麼說？你會發現，當事跡即將敗露，該人無疑地會懺悔他的罪行。我相信這樣的情況大概不會發生在職業扒手的身上，那些扒手早就視入獄為避不掉的職業風險，但是這種情況常發生在那些受人尊敬卻犯下錯誤的人身上，比如侵占公款的銀行經理，或是被熱情引誘而越軌的神職人員。這些人在罪行很難被發現的情況下，很容易就會忘記自己的罪行，但是一旦被發現或是很有可能被發現，他們就希望當初能夠更堅守道德底線，這樣的希冀讓他們活生生地感受到巨大的罪惡感。

另外一種很接近的感覺則是害怕，害怕變成社會的叛徒。一個賭博作弊或是在名譽上有污點的人一旦被發現，在眾人髮指的情況下，不可能會有勇氣站起來面對。他不像那些宗教改革者、無政府主義者和革命家，覺得無論現下的命運如何，未來仍與他們同在，現下的折磨會在將來成為榮耀，社會敵視的目光並不會為他們帶來罪惡感。但是一個認同社會價值卻偏偏做了違反價值事情的人，會因此相當地不快樂，對於脫離社會的恐懼，會很容易讓這個人認為自己的行為是罪惡的。

但是要看清罪惡感的最重要形式，我們得探究地更深層些。它在無意識中紮根，在意識上卻看起來不像是害怕被否定。意識上，不同的行為可能被稱作罪惡，但自我省思下卻又看不出道理。當某個人犯下這些被稱作罪惡的行為，他感到不舒服，卻又不知道為什麼。他希望他能夠避免犯下他認定的罪惡行為，他只對他深信有顆純潔的心的人感到道德欽佩。對於自己不能成為聖者，他或多或少感到遺憾。的確，他對於聖潔的概念在日常生活中幾乎不可能實現。於是每日每夜，他負著罪惡感過日子，認為最好的事總和自己擦身而過，生活中最崇高的時光是那些傷感懺悔的日子。

這種罪惡感的源頭可以追溯到六歲以前，從母親或是保母處受到的道德教育。在那個年紀之前，他就知道說髒話是不對的，除了使用有教養的語言以外，其他的說話方式都不好。只有壞人喝酒，菸草更是和最高美德格格不入。他還學到一個人絕對不能夠說謊。在所有的教養之上，他還學到應該厭惡屏除對性器官的任何好奇。他從母親那邊學到這些觀念，但是卻深深相信這是造物者的聲音。得到母親或是保母寵溺的關愛，是生命中最美好的快樂，但是這樣的快樂只有在他表現良好、不違背任何道德規範的情況下才有可以發生。於是任何母親或是保母不認同的事情，都是非常不好的。漸漸地長大了，他忘記他的道德觀是從哪裡來的，也不記得當初違背道德規範時的懲罰為何，但是他沒有忘記這些道德觀念，當違背時還是會感到恐懼。

這些嬰幼兒時期的道德教學，大部分都缺乏理性的基礎，無法適用於一般人的一般行為舉止。舉例來說，從理性的觀點來看，很難證明一個使用「粗俗語言」的人，比一個有教養的人來得壞。不過幾乎每個人都認為，要成為一個聖者，就必須對髒話有所節制。從理性的角度去分析，這樣的想法真的很無稽。一樣的情況也發生在酒和菸草上。南方國家不覺得喝酒有什麼，而認為喝酒有罪其實是對宗教不虔誠，因為大家都知道上帝和他的門徒都飲酒。至於菸草，因為所有偉大的聖者都存在於菸草使用前的年代，所以很容易對其採取一種負面的態度。但是對菸草的負面態度一樣不可能有理性的論調。認為聖者不抽菸的觀點，完全是奠基在聖者不會純粹為了享樂而去做一件事情的假設上。

一般道德論調中的禁慾觀點存在於無意識裡，但其運作讓我們產生非理性的道德規範。在理性的倫理觀上，只要不危害自己或他人，做一件可以帶給人們快樂的事情是值得稱道的，這裡的人也包括自己在內。如果我們擺脫禁慾的觀點，那麼一個享樂而不造成邪惡後果的人，就是擁有理想高尚美德的人。

再想想說謊這件事。我不否認這世界上實在有太多謊言了，而若真誠多些我們也會變好。但是我不認可以下觀點：每個理性的人不管在什麼情況下都應該認為說謊是壞的。我在鄉間散步的時候，曾經看到一隻已然奔跑乏力的狐狸，但是牠還是勉強自己繼續奔跑。幾分鐘之後，我看到獵殺牠的人。他們問我有沒有看到那隻狐狸，我說有。當他們問我狐狸往哪一個方向跑去的時候，我撒了謊。我不認為說實話會讓我變成一個更高尚的人。

不過早期受道德教育摧殘的還是在性的這一塊。如果父母或是保母非常嚴格，在六歲以前，罪惡和性器官的相關性強烈地被灌輸到腦中，那麼窮其一生他都很難擺脫這個念頭。而這樣的念頭，又被伊底帕斯（Oedipus）的戀母情節複雜化，因為他是不可能和童年最愛的那個女性有任何的性行為。結果很多成年男人認為性讓女性降格，同時沒有辦法尊重他們的妻子，除非妻子厭惡性行為。但是有個冷冰冰老婆的男人，會到他處尋求本能的慰藉。然而，就算他即時煞車，這分本能的慰藉馬上就會有罪惡感的陰影，因此無法在男女關係中找到快樂，不論對象是誰。而女性這部分如果被持續灌輸「純潔」的觀念，那麼結果也是一樣。在和丈夫的性關係上會持續保持冷感，且非常害怕從中得到快樂的感覺。然而，在現今的社會上，對女性的束縛已經不像五十年前那樣了。

現在社會對於年輕人的性教育已經有全面性的覺醒，在孩子進入青春期之前不再強調性道德，同時避免傳達自然生理機能有任何骯髒的想法。在此我想著重的，是一個成年人該如何減少因不適切的教育而造成的不理性的罪惡感。

這裡的問題和前面章節提到的問題是一樣的，也就是該如何以主控我們意識的理性信仰說服無意識。絕對不能隨著心情搖擺不定。

當意識因為疲勞、疾病、酒精或是其他原因而虛弱的時候，罪惡感更顯得突出。人在這些時刻（酒醉除外），會特別感覺受到自己精神層面的啟發。「惡魔生病了，即是成聖時」，但是認為虛弱的時刻比強健的時刻更可導出識見，不是很荒謬的一件事嗎？人在虛弱的時候，很難和嬰幼兒期就奠基下的觀念相抵抗，相反的，當一個人刻意地用全副理性相信，當他生氣蓬勃時候的樣子是他正常的樣子，而且不管什麼時候他都能維持這副樣子，那麼就很有可能克服無意識的嬰幼兒期的觀念，同時藉著運用正確的技巧換掉無意識中的內容。

當你做了某件事，你的理性告訴你這件事並非邪惡，但是你卻覺得悔恨，就該好好檢視悔恨的成因。讓你的意識信仰生氣蓬勃，那麼它們就可以使無意識有足夠力量來處理那些母親或是保母在你嬰兒期灌輸的觀念。千萬不要將就地接受任何在理性和非理性間的選擇，仔細地參透非理性，同時保持不尊敬非理性的決心，也別任其宰割。不論它怎麼把愚蠢的想法或是感覺植入你的意識，都要馬上將它們連根拔起，檢視它們，然後拒絕它們。千萬不要搖擺不定，一半隨著理性，另一半隨著嬰幼期的愚蠢起舞。不要害怕抗拒那些控制你童年的記憶，那些記憶之所以看似強大又有智慧，只是因為當時的你既虛弱又愚蠢，現在你兩者皆不是，該是時候好好檢視它們了，好好考慮它們是否真的值得你尊重。

認真地問自己，這世界真的因為那些年輕時接受的傳統道德教育而變得更好嗎？想想看有多少傳統認定的道德之士藉著迷信來妝點自己，再想想，我們付出昂貴的代價來捍衛假想的道德危機，卻忽略了一般成年人暴露出的真正道德危機。什麼是一般人容易受誘惑而產生的偏差行為？商業上的詐欺，對職員的苛薄，對妻子和孩子的殘忍，對競爭者的惡意，在政治界的惡鬥——這些都是在值得尊敬或是被尊敬的人民身上常見的具傷害性的罪惡。藉著這些罪惡，一個人可以在他活動的圈子裡散播苦難，最終摧毀文明。然而，這一切卻不會使他在生病的時候覺得自己被社會遺棄；也不會讓他在睡夢中見到母親非難的眼神。為什麼他潛意識中的道德觀全然和理性脫節？因為那些從嬰幼兒時期就根植的道德觀是愚蠢的，因為那些道德教條不是根據個人對社會的責任而來的，而是根據以往非理性的陳規陋習中衍生出來的，而且還包括了根源於頹敗中的羅馬帝國的精神病態。我們標榜的道德是由牧師和被道德感囚禁的女人所制定的。該是擁有正常生活的正常人，起身推翻這些荒謬信念的時候了。

但是如果要讓這份推翻成功到可以帶給人快樂，讓一個人可以照某個標準堅定不移的生活，而不是在兩種標準間游移不定，這個人必須深度地思考和認真地去感覺他的理性到底在告訴他什麼。大部分的人認為一旦丟棄幼年時的迷信，就算完成了，但是他們沒有了解到該些迷信還是在暗處埋伏著。當某個觀念取得理性的認定時，我們就必須好好保護著它，徹底實踐它，好好地檢視自己，看看是不是還存在著哪些和這個認定不一致的信仰。當罪惡感強烈的時候，不要把它視為更高層次的精神，給予自我啟示的時候，要把罪惡感當作疾病、弱點，除非這份罪惡感的成因根源於理性的道德觀會譴責的行為。我並不是建議一個人該捨棄道德觀念，而是認為人必須擺脫迷信的道德觀，這兩者非常不同。

不過就算一個人做了和自己理性的道德意識相違背的事情，我也懷疑罪惡感是帶出更好生活的最好方式。在罪惡感中有一股卑劣的、缺乏自我尊重的成分。如果一個人缺乏對自我的尊重，是做不出什麼好事情的。一個理性的人會同等地看待自己和他人的不合宜行為。要避免這些行為的發生，要不就對其不合宜性有徹底的認識，要不就得避開會引起這些不合宜行為的環境條件。

罪惡感的真實面貌就是它不但不是美好生活的成因，還恰恰相反。它讓人不快樂、自卑。一個人不快樂就很可能會向其他人提出過分的要求，那麼他就更無法在人際關係上享受到快樂。覺得自己差人一等，他會怨恨那些看起來比較優秀的人。

對他而言，欽佩很難，嫉妒很簡單。他會變得難相處，愈來愈孤單。

一個對他人開放並且慷慨的態度，不但會讓他人快樂，也會讓自己開心，因為這樣的態度會讓他人緣良好。但是一個被罪惡感追著跑的人，是很難有這種態度的。這種態度是鎮靜和自主的結果，而且需要心智的整合來成就。所謂心智的整合，我指的是一個人與生俱來的層層面貌，像是意識、潛意識和無意識，都能和諧的運作沒有持續不斷的互相鬥爭。大部分的時候，良好的教育可以製造出這樣的和諧，但是如果欠缺妥善的教育，就比較困難了。以下是心理分析師會嘗試的過程，但是我相信在大部分的情況下，病人可以自己來，只有在情況非常嚴重時才需要專家的協助。千萬別說：「我才沒有時間做自我心理諮商，我忙得不得了，我必須讓無意識自己運作。」

我並不是說一個人需要特意騰出一天一小時的時間來好好檢視自己，這樣的方式絕對不是最好的方法，因為會促進自我陷溺，而這本身就是一種需要治療的疾病，一個健全和諧的個性是外向、直接的。我想建議的是，一個人應該認真建立本身的心意，讓它與理性相信的方向一致，不要讓任何非理性的信仰，不經過檢視就占據自己的心靈，時間再短都不行。這是要求一個人在受到誘惑回到嬰幼期狀態的時候，和自己進行理性的對談，只要這份對談夠斷然夠堅定，過程可以非常短暫，幾乎不需要花什麼時間。

很多人都不喜歡和理性打交道，那麼我所說的事情，對他們來說是不相關或者是不重要的。很多人認為如果讓理性馳騁，那麼這份理性會殺掉深層的情緒。在我看來，這樣的想法是起因於對理性在人類生活上的作用有錯誤的認識。理性並不會產生情緒，雖然說理性部分的功能是要找出避免造成傷害的情緒。找出減少仇恨和嫉妒的方式無疑是理性心理學的功能。但是如果這樣就認為理性在減少情緒強度，同時也減低其他情緒的強度，那就錯了。

在熱烈的戀愛、父母的愛護、友誼、仁愛、對科學和藝術的奉獻之中，沒有一個是理性會壓抑、消除的。一個理性的人，當他感覺到任何上述的情緒時，都會感到快樂，也絕不會做出減低其強度的事情，因為這些情緒都是美好生命的一部分，這樣的生活可以帶給自己和他人快樂。在上述提及的熱情中沒有不理性的部分，但是很多不理性的人，卻只能察覺瑣細平庸的情感。沒有人會擔心成為一個理性的人會讓自己的生活無味，結果其實恰恰相反，因為理性主要由內部和諧所構成，達到內部和諧的人，比起那些被內在的衝突、矛盾包裹住的人更可以自由地審視思考這世界，更可以使用他的能量來達到許多外在的目標。沒有比被自我束縛更無趣的，也沒有比將自己的注意力和能量轉向外在世界更讓人精神振奮的了。

我們傳統的價值觀已然過度地自我中心化，而罪惡感正是將注意力集中在自己身上的不智的一部分。對於那些從來沒有經歷過被錯誤的道德觀激起主觀情緒的人，講理性可能是白費工夫。但是對於那些曾經感受到那種像生病的感覺，理性正是治療這疾病的必需品。也許感覺生病是心理發展上必須的歷程，我相信那些靠著理性渡到彼岸的人，和那些沒有感覺過生病或是療程的人比較起來，層次更高。現今社會上之所以對理性有仇視的態度，是因為沒有在基礎層面上好好檢視理性的運作。有分裂人格的人，會尋求刺激和可以轉移注意力的事情。他喜愛強烈的感情，並不是奠基在健全的理性，而是因為它們可以將他帶離自我，也避免了必須思考的痛苦。任何熱烈的情感都給他一種洒醉的感覺，因為他無法體會根本的快樂，只有麻痺才有可能減輕他的痛苦。然而，這卻是弊病深植的徵兆。當這樣的弊病不存在的時候，當對自己的官能有更完整的掌握，即可以得到更多的快樂。一個人心靈運作最旺盛的時候，最少事情被遺忘的時候才能享受最巨大的快樂。而這的確是最好的快樂試金石之一。那些需要透過麻痺才能得到的快樂，是虛假且無法滿足人心的快樂。真正令人滿足的快樂是伴隨活躍的官能，和對世界有充分的認識而來。

第八章 ── 被迫害妄想

有嚴重的被迫害妄想症的人看起來就像精神錯亂。有些人總幻想著別人要來追殺他們、囚禁他們，或者對他們造成重傷害。為了保護自己不受到這些幻想中的攻擊，這些人容易有暴力行為，進而可能導致他們的自由被剝奪。這種精神錯亂，和其他種精神錯亂一樣，只是一般常見的心理偏差中的極端形式。我並不想要討論被迫害妄想的極端形式，因為那是屬於心理醫生的範疇。在這裡我想要討論較輕微的被迫害妄想，因為這是造成不快樂的常見成因，同時因為症狀還輕，只要病人能夠正確診斷自己的問題，同時體認到問題的根源在自己身上而不在那些假想的敵人，就能自然好轉。

相信大家對這樣的人都很熟悉，這些人總認為自己是他人不知感恩、不仁慈或者背信忘義的受害者。這樣的人講起他們的不幸總是煞有介事，同時很容易得到剛認識不久的人的同情。那些他們述說的不同故事、抱怨受到的不公平對待，獨立來看都是合理的，也的確存在於這世界中。但是到最後引起懷疑的是，這些人為什麼特別地不幸，遇到這麼多的壞人？

以機率的觀點來看，生活在這社會上，每個人遇到壞事的機率應該相去不遠。

如果某個人宣稱他總是受到不好的對待，那麼很有可能問題出在他自己身上，可能是他幻想一些沒有真正發生過的傷害，或者是他下意識表現出來的態度導致他人無法遏制的心煩。有經驗的人開始懷疑那些宣稱自己總是遭受不公平對待的人。他們的懷疑因為缺乏同情，而使這些不幸的人更認定全世界都和他作對的這個想法。這個問題有點棘手，因為同情的給予或缺乏都會加劇這個問題。一個有被迫害妄想的人，一旦發現有人相信他的故事，就會繼續加油添醋，直到他的信用耗盡為止；而如果沒有人相信他的故事，那麼他會認為大家果然冷酷無情。

這個疾病是可以透過理解治癒的，但是必須傳達給病人，讓病人自己理解才行。在這一章節，我的目的是給予一些普遍的自省方法，讓大家可以用來鑑定自己是不是有被迫害妄想（每個人多多少少都有一些），一旦鑑定出來，就可以設法消除之。這是追求快樂很重要的一環，因為如果我們認為每個人都對我們不好，我們如何能快樂？

幾乎每個人都有的一種非理性行為是對八卦的態度。很少有人可以忍住不說相識的人、甚至一些朋友的閒話。但是當聽到別人對自己的不好評價時，馬上怒不可遏。顯然他們沒意識到：別人在背後議論自己的行為，正如同他們自己也總在背後議論人家一樣。不過這還是輕微的，嚴重的時候就是被迫害妄想了。我們希望大家像我們對待自己一般地溫柔、尊敬，卻沒有想過，我們怎麼能期望他人對我們的評價比我們對他人的評價還要高？而我們之所以不會這樣想，是因為我們覺得自己的優點偉大且明顯，而他們的優點（如果有的話）只有寬厚的人才能發現。

當你聽到某人曾經說你的閒話，你馬上回想起那九十九次可以給他最公正、妥當的批評卻忍住沒有說，而完全忘記在第一百次時你未經思考就脫口而出的評論。你問自己，這就是忍了這麼久之後得到的報償嗎？但從他的觀點看來，他並不知道那些你沒有批評他的時刻，他只看到那第一百次你對他的批評。

如果我們都有讀取他人心思的神奇力量，那麼我想首先會發生的大概就是友誼的全面瓦解，然後，接下來也許會有正面的效果，因為一個沒有朋友的世界是令人難以忍受的，我們應該學習如何互相欣賞，不需要用幻想的面紗遮掩自己從未把對方視為完美無缺的想法。我們知道朋友有些缺點，但儘管如此，卻也明白他們終究是我們喜歡的、投合的朋友。然而，我們卻不能忍受對方也這樣想我們。我們希望別人覺得我們與眾不同、完美無缺。當我們被迫承認自己的缺點時，我們把它看得太嚴重了。沒有人該是完美的，或者應該因為自己的不完美而感到沮喪。

被迫害妄想根源在對自己長處的過分美化。假設我是個劇作家，很顯然地對每個公正無倚的人來說，我都是這時代中最有才華的劇作家。但是因為某些原因，很少人上演我的作品，而當我的作品終於在戲院上演卻很少得到成功。要怎麼解釋這些奇怪的情形呢？顯然經理人、演員和評論家夥同起來對付我。而背後的原因還是出在我身上：我拒絕向劇場界的重量級人物卑躬屈膝，我也不諂媚評論家，我的劇作中充滿了逆耳忠言以至於那些被打擊的人都無法接受。所以我的創世傑作注定要被埋沒。

或者有個發明家的作品總是得不到他人的青睞。工廠自有一套八股的作業方式，是不會考慮任何發明的；而那些較進步、有研發單位的工廠有自己的發明家，而那些發明家成功的把「未經認證」的天才發明家擋在門外。學術機構也夠怪的，要不就遺失人家的手稿，要不就連讀都沒有讀就將原稿退回。投訴者也總是只能換回不負責任的沉默。要怎麼樣解釋這些事情呢？顯然有一群人早就準備好要瓜分發明帶來的成果，不屬於這個團體的人，是不會被理睬的。

然後還有這樣的一類人，這些人根據存在的事實產生一種真正的悲哀，但卻僅僅依據自己的體驗得出結論，認為自己的不幸說明了世間一切問題。讓我們假設，他發現一些關於秘密特勤局（Secret Service）[1]的醜聞，但是因為政府要維持自身的利益而被封鎖。他找不到管道公開這些發現，而那些看似高尚的人拒絕對這些事花任何的工夫，他憤慨了。也許事實是像他說的那樣，但他受到的挫折讓他相信，所有當權者都在費心遮掩他們獲取權力過程中犯下的罪惡。諸如此類的案例還真棘手，因為其中的確存在部分的事實。那些他真實經歷過的事，比世界上他們尚未接觸過的其他樣貌更使他們印象深刻。他們的看法因此失衡，讓他們對一些可能是特例而非常例的事件過度關注。

另一種也算常見的被迫害妄想的受害者，是那些老是強迫別人接受他們不要的好意的慈善家，這種人常因為對方不感恩而感到驚訝、害怕。我們做好事的動機通常不如我們自己想像的那麼單純。我們對於權力的愛好會潛伏、偽裝成很多不同的樣貌，但通常那就是我們認為做了好事之後感到快樂的來源。

行善經常摻有他種成分，做「好事」對人們來說通常包含剝奪他種樂趣：像是飲酒、賭博、遊手好閒等等。在這裡頭包含了社會道德觀的一種典型觀念，也就是嫉妒那些可以做壞事的人，尤其是我們必須節制自己來贏得朋友的尊重。那些提倡推行禁菸法（相信我，在美國很多州都有這樣的法令）的人，很顯然都是非吸菸者，對於他們來說，別人從吸菸得到的享樂是他們痛苦的來源。如果他們希望之前吸菸的朋友能夠派代表來感謝他們幫助自己戒除菸癮，那他們可要失望了。他們也許開始沉思，自己將生命投入社會公益，但是那些活動的最大受益者卻一點都不心存感激。

像這樣的情況也常常發生在女主人捍衛女僕的道德操守上，不過現今主僕關係問題已相當尖銳，這種對女僕的仁慈舉動已然少見。

在高層的政治圈子裡，也存在這樣的情況。那個集中一己力量，讓自己可以為高貴目的獻身的政治人物，犧牲了自己的舒適，走進了人民的生活，驚訝地發現人

1 編按：全名為United States Secret Service，是美國聯邦政府的執法機構。

民居然開始反對他，對他的努力一點都不心存感激。他從未想過自己的行為除了為人民服務之外還有其他動機，或許從公眾事務的掌控權得到的樂趣，才是他真正的行為動機。在演講台上慣用的詞語和在黨的文宣中使用的文字，對他來說已成為真理，他誤把那些支持黨的文字修辭當作對自己動機的真誠分析。因為反感和失望，在世界離棄他之後他也離開了世界，同時心中深深後悔，他居然會走上這條為不懂感激的公眾服務的道路。

上述的幾個例子，讓我們得以找出四個普遍的原則，如果真正了解這些原則的真實含義，就可以適當地避免被迫害妄想。第一：記住你的真正動機絕不會像它們看起來那般的利他。第二：不要過分估量自己的優點。第三：不要認為他人會像你對自己一樣地感興趣。第四：不要老認為別人要打你主意、甚至是要迫害你。接下來讓我對這幾個原則做一些闡述。

檢視自己的真正動機對慈善家和領導人尤其重要。這些人對於世界或是部分世界該如何發展很有見地，同時他們認為（這些想法有時對有時不對），讓別人了解他們的想法會為人類或部分人類帶來福音。然而，他們卻沒有恰當地了解到，那些被他們行為影響的人也有同等的權利表達自己對世界的看法。一個領導人往往相當確定他的看法是正確的，而反之就是錯誤的。但一個人主觀判斷的結果，並無法證明客觀判斷時也正確無誤。他的信仰只是偽裝，其真正面目則是他在思考以他為中心的改變所帶來的樂趣。

在對權力的喜愛之上，還有另外一個動機——虛榮，在這樣的例子裡，虛榮起了很大的作用。那些代表議會的高尚理想家——這裡是我個人的經驗——相當驚訝那些對他冷嘲熱諷的選民，認為他追求的榮耀只是虛榮地在名字後面加上國會議員的頭銜。當競選結束，他有時間思考的時候，他會想也許那些刻薄的選民是對的。理想主義讓簡單的動機穿著奇怪的偽裝，因此有時候一些突如其來的真實批評不會讓那些公眾人物感到不對勁。傳統的道德觀灌輸著人類天性中少有的利他主義，而那些驕傲著自己有崇高美德的人，時常想像自己已經達到這高超的境界。

大部分人（包括那些所謂的聖賢）都有利己的動機，這樣沒有什麼不好，因為如果沒有利己的動機，是沒有辦法存活的。一個盡全力讓別人溫飽卻忘記吃飯的人，終究會衰亡。當然，也許他會餵食自己，只為了有能量再跳入和邪惡奮戰的爭鬥中，但是這吃到嘴裡的食物究竟能否好好消化是很可疑的，因為幫助消化的唾液根本沒有足夠的時間產生。為了對食物的喜愛而吃飯才是比較好的作法，不要只是為了有力氣投入公益而吃飯。

適用於吃飯的原則也適用於其他事情。任何需要完成的事，如果想做得好，都需要由熱情來驅動，然而熱情很難在沒有利己的動機下產生。這裡所謂利己的動機，也包括那些在生物學上和自我連結的人，像是本能地保護妻兒不受敵人的侵害。這樣程度的利他是屬於正常人類天性的一部分，但是傳統倫理觀中的利他則否，很少人真的能夠真誠地達到該種程度。因此，那些想要對自己的道德行為有高評價的人，必須說服自己已經達到無我無私的境界，但事實上不太可能達到這樣的標準，那麼成為聖者的代價就是自我欺騙，而這樣的自我欺騙很容易導致被迫害妄想。

第二個原則告訴我們，別高估自己的優點。前文已經涵蓋高估自己道德的部分。但是道德以外的其他優點仍然不該高估。從來沒有成功作品的劇作家應該冷靜地思考是否該些作品不是好作品。他不應該因為不認同這個假設就立刻排除它。如果他發現事實確是如此，就該像一個懂得歸納推理的哲學家，接受該個假設。

當然，在歷史上的確有不被認可的佳作，但是這樣的例子遠遠少於被認定的壞作品。如果一個人真的是被時代辜負的曠世天才，那麼即便不被認可，堅持下去也是正確的。如果，他只是因為虛榮心作祟但實際上一點才華都沒有，那麼別堅持下去才是明智的。在一個人苦其心智想要創作不被認可的作品的情況下，當然很難分辨究竟是第一種情況還是第二種。如果你屬於前者，那麼你的堅持帶有英雄氣概；但如果是後者，那麼這份堅持就顯得滑稽了。如果你覺得自己是個天才，但是你的朋友覺得你不是，倒是有個方法可以一試：你創作的理由是因為心中有澎湃的激動，讓你渴望表達某些想法或情感；抑或只是渴望獲得掌聲而被驅動？對於真誠的藝術家而言，雖然他們也同樣強烈地渴望掌聲，但掌聲卻是次要的。真正的藝術家首先希望的是能夠創造出某件作品，然後再尋求認可。即使別人的認可和掌聲沒有隨之而來，也不會因此改變自己的作品風格。相反地，一個把掌聲放在第一位的創作者，他心中是不會有力量驅動他創作出具獨特藝術表現形式的作品，而且對他而言，從事與藝術家完全不一樣的工作也沒有什麼差別。這樣的人如果未能透過藝術獲得認可的掌聲，最好還是放棄。

同時，把範圍拉得大一些，不管你身處哪個位置，如果你發現他人對你能力的評價不像你自覺的評價那般高，最好不要太有自信，覺得錯的一定是他們。如果你讓自己這樣想，那麼你很容易就會陷入一種以為背後有某種陰謀在阻撓自己成就的幻想，這種認知一定會變成不快樂的泉源。承認自己的成就不如想像中那麼偉大，可能很痛苦，但是那痛苦有個終點，過了之後，快樂的生活就再度變得可能。

第三個原則是，別對他人希冀太多。過去常見的一種情形是，一個生病的老太太，期望至少有一個女兒願意犧牲自己的生活，全心全意地照顧自己，就算犧牲女兒的婚姻也可以。這樣的想法是另外一種違背常理的對利他主義的期望，因為對利他者（女兒）造成的損失遠比利己者（老太太）獲得的好處還要大。在和他人（尤其是那些和你最親近的那些人）相處時，非常重要卻時常被忽略的是，他們看待生命的角度，以及生命觸及他們的自我的方式，和你的角度、你被觸及的方式是不一樣的。沒有人可以期望他人應該扭曲自己的生命以成就另一個人。也許在某些特殊情況下，強烈的情感會讓再偉大的犧牲也變得自然而然，但是除此之外，任何的犧牲都是不應該的，而且也沒有人應該因為沒犧牲而受到責難。人們對別人行為的抱怨，說穿了也不過是對自身的過度膨脹，以及利己者為了自利而做出的自然反應罷了。

我們提到的第四個原則包含以下：具有「他人比你花更少的時間來考慮你的事情」的認知。瘋狂的被迫害妄想症患者認為所有的人，從早到晚無時無刻都在盤算如何讓可憐的自己更悲慘，而事實上這些人都各有各的職業與興趣。而情況比較輕微的被迫害妄想症患者則認為，周遭一切行動都和他有關，但事實上並非如此。這樣想當然滿足了自我的虛榮心。如果他夠偉大，這樣的假設可能正確。英國政府花了很多年的光陰在阻撓拿破崙。但是一個總想著他人在打自己主意的小人物，可能正在走往精神錯亂的路上。假設在某個公開晚宴你做了一個演說，而一些其他講者的照片被刊登在報紙上，但是偏偏漏了你的照片。這該怎麼解釋呢？顯然不是因為其他的演說者比較重要，而是因為他們對你的重要性感到害怕，而刻意去掉你的版面——這樣的想法讓你未刊出照片之事從輕忽怠慢扭曲成讚美。但是這樣的自我欺騙不可能產生真正的快樂。在你心底你會知道事實恰恰相反，為了把這個事實推到離你最遠的地方，你只能構思出更多華麗的假設。為了設法讓自己相信這些，所需要花費的力量相當可觀。同時，因為其中包含你覺得自己是眾人普遍仇視的對象這個假設，而產生痛苦、感到和這個世界格格不入。沒有任何根基、自我欺騙的滿足是不實在的，所以不管事實怎麼樣地讓人痛苦，最好還是勇敢面對，以絕後患，習慣了之後，你就可以重新建造自己的人生了。

第九章 — 害怕輿論

很少人能夠快樂，除非他們的生活方式和對世界的看法，能夠得到周遭人的認同。現今的社會有很多不同的族群，而每個族群之間都有各自的道德觀和信仰。這可以追溯到基督教的宗教改革，也有人說自文藝復興開始。新教徒和天主教徒不但在神學上有差異，在實際面也非常不同。所謂的貴族，被允許擁有特權，而這是資產階級無法容忍的事情。還有不拘教義或自由主義者，他們不理會宗教的責任。如今在歐洲大陸，我們可以觀察到，從政治上的論點到生活層面的看法，社會主義者都和其他人有顯著差異。在英語系國家也同樣分歧。有的崇尚藝術，有的認為藝術是邪惡的，尤其是現代藝術。有的認為對帝國效忠是最高美德，有的則認為那是罪惡的，也有的族群則認為那根本就愚蠢至極。傳統的人認為通姦是嚴重罪惡的一種，但如今有許多人認為通姦雖然不是好事但可以被原諒。對天主教徒而言，離婚是絕對禁止的，但是非天主教徒則接受離婚是緩和婚姻制度的必要方式。

由於對於世界的看法有這麼多的分歧，因此一個具有特定品味和興趣的人，可能完全不被某個社群接納，而在另外一個社群裡卻是再正常不過。很多不快樂（尤其在年輕族群中）就是這樣產生的。一個年輕男孩或女孩，可能異想天開有個新鮮念頭，卻發現這樣的念頭在他所處的環境是一種被禁止的詛咒。對於年輕人來說，他們很容易就認定所處環境代表的價值觀就是世界的樣子。他們很難想像，在這個環境下他們怕違背規範而隱藏的觀點，在另外一個地方或社群中卻是很平常的。

對世界的無知，使他們承受太多不必要的痛苦，有些人只在年輕階段才這樣，但是一輩子痛苦的情形也很常見。這樣的孤立疏離感不僅是痛苦的來源，也讓他們為了維持在不友善環境中的精神獨立性而耗費大量精力。這種孤獨者，有百分之九十九都不敢追隨自己邏輯推論產生的想法。在布朗蒂姊妹（Brontë Sisters）[1]的書籍出版前，她們都沒有遇到意氣相投的朋友。這點可沒有影響到艾蜜莉，她勇敢而且有大家風範，但是這的確影響到夏綠蒂，儘管她才華洋溢，想法卻還停留在大家閨秀的傳統水平。威廉．布雷克（William Blake）[2]則和艾蜜莉很像，生活在極度

1 編按：十九世紀馳名英國文壇的三姊妹，對之後的英國文學影響甚深。她們分別是著有《簡愛》的夏綠蒂（Charlotte）、著有《咆哮山莊》的艾蜜莉（Emily）以及著有《阿格涅斯．格雷》的安（Anne）。

2 編按：重要的英國浪漫主義詩人。

孤獨的環境中，但也具備足夠的勇氣以克服環境帶來的負面影響，儘管他從不懷疑自己是正確的，而批評者是錯誤的。他用以下的詩句來表達對輿論的看法：

唯一一個我知道
卻不會讓我做嘔的人
弗賽利：他是土耳其人也是猶太人
那麼，親愛的基督教徒朋友，你又要怎麼做？

很少人心中有這麼巨大的力量。人們普遍需要生活在投合的環境裡才能得到快樂。當然對於大部分人而言，他們的生活環境都是合宜的，在他們年輕的時候，他們吸收社會的偏見，然後讓自己適應生活周遭的信仰和習俗。但是對於很多有智識或有藝術感知的異數分子來說，他們無法認同這種對環境默許的態度。讓我們假設，某個人出生在鄉下的小城鎮裡，這個環境對於所有可以促進心靈卓越的要素都充滿敵意。如果他想要讀一些嚴肅的書籍，別的孩子會唾棄他，老師們則會告訴他這樣的念頭會擾人心智。如果他關心藝術，他的同儕認為他缺乏男孩子氣，他的長輩則認為他品行不佳。如果他想要成就某種事業，儘管備受尊崇，但是在他所屬的圈子裡非常罕見，別人會說他異想天開，承繼父親的事業才最適合他。如果他展現出任何批評父母信仰的宗教或是政治背景的傾向，那麼很快地就會發現自己身陷在麻煩的泥沼裡。因為這種種原因，大部分天賦異稟的人，青少年時期都很不快樂。而才能平庸的同儕則享有充滿歡樂和愉悅的時光，但是若他們想尋求更嚴肅的東西，是無法在這個他們被隨機分配降生的環境中的長輩或是同儕身上找到的。

這樣的年輕人也許在上大學的時候，可以找到志趣相投的同學，享受快樂的時光。如果幸運，離開大學以後依然可以成功地找到相投的工作夥伴。一個住在大城市，像是倫敦或是紐約的知識青年，一般都可以找到相契合的團體，在這裡他們不需要壓抑或偽裝自己。但是如果他的工作讓他居住在一個小地方，而且又是個需要對普通人尊敬、順從的行業，舉例來說，像是醫生或者律師，那麼也許他這一輩子都需要在日日見到的面孔前隱藏自己真正的興趣和想法。

這樣的情況在美國尤其明顯，因為美國實在太大了。總是在某個不經意的角落，無論東西南北，都可以找到寂寞的人，這些人從書上得知也許在別的地方他們不會再感到寂寞，但他們卻沒有機會在這樣的地方生活，只有少之又少的機會能享有投機的對談。在這樣的情況下，這些不如布雷克和艾蜜莉．布朗蒂堅強的人，是不可能得到真正的快樂的。如果要讓快樂成為可能，必須找到某種可以減低或是迴避輿論暴力的方法，讓那些有才華的少數人可以互相交流，在其中找到樂趣。

在很多情況下，不必要的膽怯把麻煩變得更嚴重。輿論總是對那些怕它的人們顯露出它的暴行，卻較難對那些漠不關心的人造成傷害；狗總是對那些懼怕的人吠得更凶，隨時準備出口咬人，但對於那些鄙視牠的人則不敢輕舉妄動。人類社會也有這樣的特性，如果你顯露出害怕，等於是告訴他們你是絕佳的獵物，但是如果你表現地漠不關心，他們會懷疑自己的力量，不敢對你輕舉妄動。當然，我無意提倡極端的輕視態度。如果你在肯辛頓（Kensington）鼓吹俄羅斯的觀點，或在俄羅斯抱持者肯辛頓的價值觀，就得準備接受可能的後果。

先不看這麼極端的例子，讓我們假設一些輕微的背離正統價值觀的行為，像是沒有照所屬教會規定的方式穿著，或是執意閱讀一些嚴肅的書籍。如果是以輕鬆、漫不經心的態度，不挑釁且完全隨性地做出這些輕微的行為，那麼即使是最保守的社會也會容忍。甚至可能獲取狂人的標籤，有標籤的人比起沒有的人更容易被寬恕。會有這樣的結果，是因為真正重要的是善意以及友善與否，而非行為本身。那些服膺正統的人，之所以會被他人違背正統的行為所激怒，是因為他們認為該行為是對他們的批評。如果背離正統的人以足夠的愉悅和友善，讓即便是最愚蠢的人都知道他們的目的不是在批評，那麼就沒有人會對他們介意了。

然而，這樣逃離不被認可的方式，對因品味和言論而失去大眾同情的人而言是不可能的。因為缺乏大眾的同情認可，這些人坐立難安，就算表面上看起來他們避免尖銳的衝突，但是內心已培養出爭鬥的態度。和所處的社群格格不入的人，容易挑剔、不安靜，也很難有幽默感。這些人如果被置放到一個不認為他們觀點奇怪的社群，他們似乎就完全變成另外一種人。從嚴肅、羞澀或是孤僻，變成愉快且有自信；從稜角分明變成圓融且易於相處；從自我中心變成喜歡社交、活潑外向。

因此，如果年輕人發現自己和所處的環境格格不入的時候，一定要選擇有機會找到志趣相投者的行業，哪怕收入會大大減少。很多時候，他們不知道這樣做是可行的，因為他們對世界的認識不夠，認為家鄉的偏見代表了全世界的現象。於此，他們需要長輩的協助、指導，因為這需要相當多的人生歷練。

現在在心理分析學上有種很常見的說法，當一個年輕人和所處的環境不合的時候，原因一定出在某些心理異常。在我看來，這種說法大錯特錯。舉例來說，假設一個年輕人的父母認為演化論根本就是無稽之談，那麼讓年輕人和他的父母不合的唯一原因就是知識。和所處的環境格格不入當然是種不幸，但是並不代表一定值得花上一切代價來避免它發生。當大環境愚蠢、充滿偏見或殘忍的時候，和它格格不入反而是好的。況且，不管哪一個大環境都或多或少發生過類似的狀況。伽利略（Galileo）和開普勒（Kepler）有「危險的思想」（日本人是這樣形容的），我們時代裡最有智識的人也都有。社會價值觀不應該這麼強大，強大到使這樣的人害怕、使他們的言論引發社會的敵視。我們應該找到方法盡可能地讓這種敵視的力量減到最弱。

在現今社會，輿論的危險力量主要危害到的族群是青少年。如果某個人在適宜的環境下發展適宜的事業，那麼他多半能擺脫社會輿論的迫害。只是當他年輕還在培養己身能力的時候，他未來的發展完全操之在一群無知的人手裡，這些人認為自己有能力對一無所知的議題下判斷，如果有人說這個年輕人比他們更有見識，他們馬上就被激怒。很多人必須經過好長一段時間的抗爭和壓抑，才終於能掙脫無知的暴力，但這個過程十分辛苦，也相當耗神費力。

雖然有個安慰人的說法，說天才總是會找到出路的，但是很多人憑藉著這個說法，認為對於青年才幹的迫害不會真的造成很大的傷害。但是這種說法沒有足以採信的基礎。就好像我們相信惡有惡報，殺人者必會受懲。當然，我們只看到那些被逮捕的殺人者，但是天知道還有多少在暗處？一樣的，我們看到的都是那些衝破逆境的天才，但是沒有理由不假設有很多人在年輕的時候就屈服在環境之下。另外，這不僅僅是關於天分的問題，還有才幹，才幹對社群一樣重要。而且這不僅僅是關於能否突破逆境的問題，還必須不受摧殘、保持能量突破逆境。因此，我們不應該把青少年的成長之路鋪設得困難重重。

我們希望年長者能夠尊重年輕人的希望，但是反過來卻不是如此。理由很簡單，因為在兩個論點上，我們都是站在年輕人的立場，而不是年長者的立場來考慮。當年輕人想要規範年長者的生活時，舉例來說，反對喪偶的父母再婚，這跟年長者想要規範年輕人的生活一樣是不對的。不管是年輕還是年長，只要已經達到獨立的年齡，都有自己選擇的權利，必要時也有犯錯的權利。如果年輕人在重要決定上屈從年長者給予的壓力，那麼年長者有其過失。舉例來說，假設你是個渴望舞台演出的年輕人，而你的父母親反對，他們的理由也許是舞台不是有道德的人該去的地方，或者是演員的社會地位低下。他們可能給予你各種壓力，告訴你若執意這麼做就會切斷親子關係。他們還說你過幾年就會後悔，還告訴你有的年輕人心癢難搔做了你想做的事，最後卻沒有什麼好下場。當然他們認為舞台不適合你可能是正確的，因為你可能沒有表演天賦，或者你的聲音並不好聽。但是如果這是真正的理由，很快地你就會得到印證，那麼你還有足夠的時間發展其他的事業。父母的論調不應該成為你放棄嘗試的主要理由。如果不管他們怎麼說，你還是堅持自己想要做的事，他們很快就會改變想法，速度比你或他們想像地都快。但是反過來，如果專業人士的意見很不樂觀，那就另當別論，因為專業意見是值得聽取的。

我認為大家都對專家以外的意見太過看重了。對於輿論的尊重程度，只要能夠避免挨餓或者是牢獄之災就可以了，任何對輿論更多的尊重都是自願對不必要的暴力低頭，而且會妨礙快樂的取得。就舉消費為例，很多人花錢都不是花在嗜好上，只因為他們認為自己有輛好車、有能力舉辦盛大的晚宴，才能得到鄰居的尊重。但事實上，一個擺明可以買得起好車卻寧願把錢花在旅行或藏書上的人，更會贏得尊重。但是，刻意藐視輿論也不必要，對輿論表現出真誠卻不受其影響的態度，不但是力量的表現也是快樂的泉源。而且擁有由不對正統卑躬屈膝的男女所組成的社會，比起一個單調劃一的社會來得有趣多了。在這樣的社會裡，每個人的個性都得以舒展，各種特色都能被保留，新的朋友變得更有價值，因為他不會是上一個認識的人的複製品。這曾是貴族社會的特權之一，血統決定了他們悖離的行為能被社會所允許。但在現今的社會裡，這樣的自由卻失去了憑藉，因此更需要特意去了解一個同質性太高的社會背後的危險。我並不是建議我們應該刻意表現地離經叛道，這樣做和事事合乎正統一樣無趣。我想要說的是，人們應該順其自然、隨性行事，只要這些想法不是刻意和社會作對即可。

現今社會由於交通便利，人們不需要依賴近鄰了。那些有車的人，二十里內的居民都可以是他的鄰居。也因此和以往比較起來，他們更有權力選擇他們的同伴。

在一個人口密集的社區裡，如果一個人在方圓二十里內找不到興趣相投的朋友，那他的運氣還真是不好。人們需要認識他的近鄰這個說法在大城市裡已經不存在了，不過在鄉下的小城鎮中依然存在。這樣的說法顯得有些愚蠢。現在選擇同伴的條件，已經從距離遠近變成契合與否。和志趣相投的夥伴在一起，是增進快樂的方式。也許可以期待社交的方式更往這個方向發展，也希望藉此方式以減除不守舊者的寂寞。這無疑會增加這些人的快樂，而減少那些喜歡擺布非正統者的樂趣。但我不認為我們需要為此擔心。

害怕輿論和畏懼其他種害怕一樣，具有壓迫性且阻礙成長。當這種害怕的力量仍然強大的時候，是很難完成任何偉大成就的；同時，也不可能得到真正快樂中的精神自由，要得到快樂，我們的生活必須由內心深處的渴望所驅動，而不是取決於剛好成為我們鄰居的那些人的慾望和想法，也不是取決於我們所擁有的人際關係。

當然現在已不像過去那麼恐懼鄰居的看法，但是新的恐懼形成了，是對於媒體說法的恐懼。這和中世紀的獵巫行動一樣可怕。當報紙選擇某個無辜的人當作代罪羔羊，結果是相當可怕的。幸運的是，絕大部分的人都可以因沒沒無聞而躲過這個命運，但是當公眾對其運作手法更加精進的時候，這種社會迫害的新形式會帶來更多的危險。這問題的嚴重性讓受害者不能光是對其漠不關心就算了，我認為必須制定出更嚴謹的誹謗法，因為不管大家如何看待所謂的新聞自由，任何會波及無辜者生活的事情都應該禁止，就算他們真的說了或做了某些事，也不應被惡意地公諸於世，這會讓他們被社會遺棄。

然而，治癒這種邪惡的唯一藥方，是提升公眾的寬容度。提升寬容度的最好方式，就是增加擁有真正快樂的人數；擁有真正快樂的人，不會把自己的快樂建築在對他人的折磨之上。

第二部分 快樂的成因

第十章——快樂還可能嗎？

目前為止，我們都在討論不快樂的人，現在我們有個比較愉悅的任務，來討論快樂的人。從和朋友的對談及書籍中，我以為在現今的社會中快樂是件不可能的事。然而，我發現經過自省、去國外旅遊，以及和我的園丁對談之後，這個念頭即消散無蹤。之前討論過關於我的朋友所承受的不快樂，在此則要對生命中相逢的快樂人進行探究。

快樂有兩種，當然，兩者間有不同程度的快樂。我想要定義的這兩種，可以被區分為平實和繽紛，或是肉體性和精神性，或是情感和理智。究竟要用哪一種名稱稱呼這兩種快樂，則視該被證明的觀點而定。目前我並不打算證明什麼理論觀念，只是單純地說明兩者的不同。也許講述這兩種快樂的最簡單方式，就是一種快樂是開放給人類全體的，而另外一種快樂只歸屬於那些有讀寫能力的人。

當我還是個男孩的時候，我認識一個以挖井為業的人，他全身都散發著快樂氣息。他長得很高大，有發達的肌肉；他既不會讀也不會寫，在一八八五年他可以對議會選舉投票的時候，才第一次知道這個機構的存在。他的快樂並非仰賴任何知識來源，既不是奠基在對自然定律的信仰，也不是在物種的完善性，或是大眾可以享有的公共資源，也不是基督復臨安息日會（Seventh Day Adventists）[1]最後的勝利，或是任何知識分子認為享受生命不可或缺的信條。他的快樂奠基在他的生命元氣，充足的勞動或是終於克服難以逾越的障礙（岩石塊）。我園丁的快樂也是同一種類，他總是和野兔對戰，他談起野兔就好像蘇格蘭場（Scotland Yard）[2]談起布爾什維克（Bolshevik）[3]一樣。他認為野兔陰沉狡詐而且兇猛，因此必須使用同樣狡猾的方式對付。就好像瓦爾哈拉（Valhalla）[4]的英雄們每天都獵捕某頭野豬，這野豬在夜晚被英雄殺死，卻在隔天早上神奇地復活。我的園丁可以日復一日地捕殺他的敵人，一點也不擔心他的敵人隔天會消失。雖然他早就年過七十，並且得日日騎六十里路的腳踏車在山路上往返，但是那些「兔崽子」所供給他的快樂源泉永不

1 編按：基督教的一個福音教派。
2 編按：是英國人對倫敦警察廳的別稱。
3 編按：俄國社會民主工黨的一個派別，領袖人物為列寧。在一九一七年十月革命奪得俄國政權，日後成為蘇聯共產黨。
4 編按：北歐神話中的天堂，特別為戰士的英靈而設。

枯竭。

但是，你也許會說，這種簡單的快樂是我們這些讀書人享受不到的。我們能夠從對兔子這樣弱小的生物宣戰中得到什麼樂趣呢？這樣的論點是膚淺的。兔子比起黃熱病桿菌可大得多了，但是一個讀書人卻可以從對後者的宣戰得到快樂。那些園丁感情上可以享受的快樂，受高等教育的人也同樣享受得到。受教育與否所造成的差別，只是獲取快樂的形式不同罷了。獲得勝利的快樂，需要在過程中遇上困難，即使最後得以克服這困難，但它必須使我們覺得在開始時並沒有把握能成功獲勝。這或許也是為什麼不過分高估個人能力是快樂泉源的主因之一。一個低估自己能力的人，會對自己的成功感到驚喜；而一個高估自己的人，則會對自己的失敗感到沮喪。因此，不過分地自負是聰明的，不過也別因為過分謙虛而失去前進的動力。

在受高等教育的社群中，現今社會上最快樂的人是科學家。很多傑出的科學家心性單純，而他們從工作上得到的滿足是那麼地深刻，以至於可以在吃飯甚至結婚上得到快樂。藝術家和文學家認為擁有不快樂的婚姻是常態，但是科學家經常可以享受老式的家庭快樂。原因在於，科學家幾乎把心力都投注於工作之上，無法將心力花在其他地方。在工作中他們感到快樂，因為科學是發展迅速且力量強大的，而且沒有任何外行人會懷疑科學的重要性。因此他們不需要複雜的情緒，而簡單的情緒會讓一切都很順利。複雜的情緒就像河中的泡泡，順暢的水流被阻礙時便會產生，而只要水流能夠保持流暢，就不會在水面上產生任何漣漪，粗心的人往往看不出這之中蘊藏的能量。

科學家具備所有快樂的條件。他從事的活動讓他能充分運用他的能力，而他的成就不但對個人很重要，對大眾也很重要，就算一般人可能對他的工作一點都不了解。在這一點上，他比藝術家幸運太多。當大眾不了解一幅畫或是一首詩，他們會認為那幅畫或那首詩糟糕透頂；當他們不理解相對論，他們會（正確地）認為是自己所學有限。因此大家都敬重愛因斯坦，而最優秀的畫家只能在閣樓上潦倒飢寒，所以愛因斯坦是快樂的，畫家是不快樂的。如果要持續地保有獨立意識來對抗世界的懷疑態度，很少人能夠真正地快樂，除非把自己關在一個小圈子裡，忘記冰冷的外在世界。科學家不需要這個小圈子，因為除了他的同事以外，大家都對他相當看重。相反地，藝術家則必須在被鄙棄或者是成為可鄙的痛苦之中做出選擇。如果他相當有才華，他一定會招致其中一種不幸，如果他施展了自己的才華，結局會是前者；反之，則是後者。當然，也不是所有例子都是這樣的。還是有些優秀的藝術家年紀輕輕便得到他人的尊重。朱利亞斯二世（Julius II）[5]雖然虧待了米開朗基羅，卻從不懷疑他的繪畫能力。現代的富豪，也許會對於年老失勢的藝術家慷慨解囊，卻絕不會認為這些藝術家的成就和自己的可以比擬。也許是這樣的環境條件造就了藝術家不如科學家快樂。

我們必須承認現在西方世界裡，大多數的年輕知識分子都因為懷才不遇而不快樂。然而，這樣的情況在東方世界較少見。現今的世界是，在俄國的年輕人大概比別處的年輕人來得快樂。有個新世界等待著他們去創造，並且有滿腔的信心去創造這個新世界。老一輩的人要不被處決，要不餓死、流亡，或者因為其他原因而變得沒有影響力，所以他們不能像西方世界的老人一樣，強迫年輕人在大肆破壞或是遊手好閒之間做出選擇。對於思慮複雜的西方人來說，那些俄國年輕人的信仰也許看起來很殘忍，但是，能說什麼去反對他們呢？他們正在創造一個新世界，一個他們喜歡的新世界，這個新世界創造出來後，一定會讓俄國人普遍比革命前更加快樂。

這個世界也許不會讓西方高級知識分子感到快樂，但是這些西方知識分子不需要在這個世界裡生活。不管是從哪一種實務的角度衡量，俄國青年的信仰是合理的，只基於理論就去譴責這樣的信仰，是有失公允的。

在印度、中國和日本，外在的政治環境干預了年輕知識分子的快樂，但是他們可沒有西方世界裡的內部障礙。對於年輕人來說，有一些重要的活動只要能成功，他們就會快樂。他們覺得自己對國家有責任，得致力於追求困難但也並非不可能的目標。在西方世界常見到很多受過高等教育的年輕人相當地憤世嫉俗，這是肇因於他們的生活舒適但是手無任何權力。無力感讓人沒有動力做事，而生活舒適則讓這種沮喪變得可以忍受。在東方世界，大學裡的學生比西方世界更希冀對公眾輿論有較大的影響力，但是卻比西方世界的年輕人更難取得一份有豐厚薪水的工作。因為他們既不軟弱，生活也並非舒適，所以可以成為改革者或是革命家，而非憤世嫉俗的人。改革者或是革命家的快樂取決於公眾事務的走向，哪怕是被處決了，他還是

5 編按：十六世紀初的天主教教宗。

比那些舒適的憤世嫉俗者享有更多真實的快樂。我記得有個來校拜訪我的中國青年，他準備在中國某個反動區域建立一個類似的學校，他認為自己可能因此斷送生命，但是他所展現出的平靜的快樂，卻是我羨慕的。

然而，我不是主張只有一般人想望卻不可及的快樂才是快樂的唯一可能。這樣的快樂的確只有少數人可以享有，因為這樣的快樂需要某種能力和廣泛的興趣，而這些條件是不常見的。不是只有卓越的科學家可以在工作上得到快樂，也不是只有偉大的政治人物可以從議題的施行中得到快樂。只要你培養某些特殊的技能，也可以從這個技能的施展上得到快樂，而無須全世界人的掌聲。我認識一個年輕時就失去雙腿的人，一輩子他都保有一份祥和的快樂。他從撰寫五大冊關於玫瑰枯萎病的專著上取得這份快樂，而我知道在這個領域他絕對是專家中的佼佼者。我無緣認識夠多的貝殼學家，但是從那些我認識的貝殼學家中，我了解到研究貝殼帶給他們很大的快樂。我也認識一個曾經是世界上最優秀的排字專家，有不少熱中於發明新字型的人來向他請益。他並不是從別人的敬重之中得到快樂，而是從他運用技巧的過程中得到的，和那些優秀的舞者從跳舞中獲得愉悅的道理相同。我也認識一些優秀排字者，他們是設計數學字型、景教（Nestorian）[6]文字、楔形文字或是其他困難字型的專家。我並不知道他們在私生活中快不快樂，但是在工作時他們的建設性本能是充分地得到滿足的。

人們常說當今的工業時代，已經沒機會讓工匠在工藝中享受快樂。我不太確定這樣的說法是否正確：現在的技術人員的確和中世紀工匠所做的工作不同，但是之於工業時代，他的地位是一樣重要而不可或缺。有些人需要製作科學儀器和精密的機器，有設計師、機師、駕駛員，還有那些供給人交換技巧的仲介，在這之中技術可以有很大的發揮空間。但是在相對原始的社群裡的農工和農民則不然，在我的觀察中，這些農工和農民少有像駕駛員或機械操作員一般快樂的。那些耕作自己田地的農夫要犁田、播種和收割，工作的變化繁多，但是他必須靠環境的憐憫，他要看天吃飯；而那些在現代工廠工作的人能意識到自己掌握著權力，也意識到人是自然力量的主宰而不是奴僕。當然，對於那些看護機器、必須重複操作某個動作、工作

6 編按：基督教的教派之一，強調基督人性的完整。

少有變化的人來說，他們的工作實在不怎麼有趣，但是工作愈不有趣，就表示這份工作愈有可能被機器所取代。工業生產的最終目的——當然我們現在還離這個目標很遙遠——就是建立一個所有無趣工作都由機器完成的系統，而人類則可從事多樣化且需要創造性的工作。在這樣的世界裡，工作會變得比農業社會以來的工作更不讓人乏味或沮喪。農業社會基本上就是人類自願以單調和繁瑣為代價，以擺脫飢餓的危機；但在狩獵時代，工作是有趣的，我們可以從富有的人仍然從這種原始的活動上得到樂趣來證明。當農業社會開始後，人類社會進入長時期的貧瘠、苦難和瘋狂的時代，而這些終於被運用機器的優勢所終結了。當然那些感性的人會強調和土地親近的感覺，以及哈代（Thomas Hardy）[7]筆下農民成熟的智慧，但是鄉下年輕人的唯一慾望就是到城鎮找工作，他們不想再當風和天氣的奴僕，也不願忍受冬天夜晚的孤獨，他們想在工廠或戲院裡感受人的氛圍。對於一般人來說，友伴和協力合作是快樂的基本要素，而這些要素在工業社會裡比農業社會中容易取得。

對於某種信念的信仰也是很多人快樂的來源。這裡我指的不光只是革命家、社會主義者或是受壓迫國家中的國家主義者。我知道那些相信英國人是當初消失的十個種族後代的人，也總是快樂的，而相信英國人只屬於以法蓮（Ephraim）或瑪拿西（Manasseh）種族的人，他們也擁有同樣的快樂。我並不是建議讀者需要採取這樣的信仰，因為我不鼓勵基於錯誤信仰上的快樂。同樣地，我也不能鼓勵讀者相信人類可以光靠熱中的事物過活，雖然根據我的觀察，這樣的信仰無疑會帶給人們完美的快樂。但是找到相對平實的信仰也很容易，而那些真心相信這些信念的人，則能夠在閒暇時候找到事情做，也得以排解生命的空虛感。

和獻身於某種特別的信念相近的是培養某種興趣。某位傑出的數學家就把他的時間分給數學和集郵。我想集郵讓他在數學領域膠著時能得到慰藉。當然集郵並不能平撫在數字理論上遇到的困難，而郵票也不是唯一一種值得蒐集的東西。試著想像古董瓷器、鼻煙壺、羅馬時期的硬幣、箭頭或燧石製品，在你面前展示出來的情景，那該多麼令人開心。當然很多人認為這種簡單的樂趣配不上我們這樣「卓越」的人。我們小時候可能都體驗過蒐集東西的樂趣，不過成年之後卻認為它不值得我

7 編按：英國作家，作品著重於對貧苦農民的描寫。

們費心費力。這完全是無稽之談，任何透過無害樂趣獲得的快樂都應該被珍惜。

我蒐集河流。我曾經沿著伏爾加河（Volga）順流而下，也曾經沿著長江順流而上，這些活動帶給我無比的樂趣，而我也深覺可惜沒機會探索亞馬遜河或奧里諾科河（Orinoco River）。這樣的情緒非常地單純，我並不感到羞愧。再想想那些棒球迷的熱情：他們會興致勃勃地攤開報紙，並享受廣播帶給他們的高昂激動情緒。我記得第一次和一位美國的權威文學家碰面的情景。見面前，我從他的作品中推定他是個很憂鬱的人，但是當收音機播出重要的棒球比數的那一刻，他完全忘了我、文學或塵世生活的所有悲傷，為他支持的球隊勝利而狂喜大叫。自從那次事件之後，我終於不再因為他的作品中人物的不幸而沮喪了。

然而，潮流或是興趣，在很多時候都不能夠提供最基本的快樂，只能夠讓人遠離真實，忘記生命中難以面對的痛苦時刻。基本的快樂是奠基在對人事物的友善關懷。

對人的友善關懷是與人親善，但不具占有慾或是要求回報。後者經常會成為不快樂的源頭。會帶來快樂的友善關懷，是喜歡觀察人，而且對各種人的不同特質感到好奇，希望多了解別人的喜好，卻不會想要控制他們，也不會希冀他們能夠對自己有熱烈的喜愛。如果一個人如此真誠，這就會成為他快樂的來源，也會讓他得到友善的回應。他和旁人的關係不論深淺，都會滿足他的興致和對人的親善慾望。他不會因為他人不表達謝意而傷感，因為他很少遇到這樣的情況，就算遇到了他也不會在意。一些對別人來說冒犯惱怒的人格特質，對他來說只須一笑置之。他能夠不費吹灰之力就達到別人努力也達不到的成果。因為他很快樂，他是個令人愉悅的夥伴，而這也更添加他的快樂。但是這所有的一切都必須發乎真誠，而不是由因應責任感而生的自我犧牲所驅動。在工作上有責任感是有用的，但是在人際關係上則令人反感。人希望被喜歡，而不是一直耐著性子順從他人。能夠自然而然地、輕鬆地喜愛他人，也許是能帶給人快樂的來源中最偉大的一種。

先前，我提到對事物友善關懷。你可能會問怎麼樣才能對事物友善？在地質學家對待岩石、考古學家對待遺跡上是存在著類似的友善。而這份友善關懷必定也是我們對待個人或社會態度的一種元素。對於事物除了以友善相待，也可能是憎恨。一個討厭蜘蛛的人，可能會為了能夠生活在蜘蛛很少的地方而發展出蒐集蜘蛛相關資料的興趣。這種興趣不像地質學家能從岩石中獲得滿足。對於無生命物件的興趣，也許不比對同伴友善的態度那般重要，但這樣的興趣仍然是很重要的。世界很大，而我們的能力有限。如果我們的快樂只局限在個人的環境裡，那實在很難不向生命要求更多。但是要求愈多，得到的愈少。如果一個人可以藉著對特倫托會議（Council of Trent）[8]或星體歷史的興趣來忘掉他的憂慮，那麼他會發現當他從非生命的事件中旅行歸來後，會得到一種平衡和寧靜，使他能用最佳的方式面對他的煩憂，同時，他也會感受到（即便短暫）真實的快樂。

快樂的秘訣在此：讓你的興趣愈廣泛愈好，且讓自己對事和人的反應盡量友善，減少敵視。

在以下的章節我會對快樂的種種可能性做初步探討，同時也會給予擺脫痛苦的建議。

---

8 編按：羅馬教廷於一五四五至六三年期間，於特倫托召開的大公會議，用來抗衡馬丁路德帶領的宗教改革，也達成了天主教內部的覺醒和革新。

第十一章——興致

在這一章我準備要討論的，是所有快樂的人都具備且非常顯著的特質，也就是興致。

要了解什麼是興致，最好的方式就是觀看不同的人在用餐時的情景。對一些人而言用餐簡直無聊透頂，就算食物再美味，他們也覺得無趣。他們以前吃過更美味的食物，也許以前的每一餐都比這一餐來得好。除非飢餓的感覺洶湧澎湃，否則他們才不會了解什麼叫做沒有飯吃，他們認為用餐只是千篇一律的公式，是社會的規定。就像所有其他事情一樣，用餐真煩，但這也不值得大驚小怪，因為沒有其他事情會比這件事更不令人心煩。有些病人認為吃飯只是在盡義務，因為醫生告訴他們必須吃東西才能補充足以維持體力的營養。還有一些所謂的美食家，開始吃時滿懷希望，試了之後卻發現煮得不夠標準。還有那些好吃之徒，貪婪地撲向食物，總是把自己吃撐了，導致生病。那些以健康食慾開始進食的人，很快樂地用餐，吃夠了就停止。

那些在生命的饗宴前準備良好的人，對於生活可以提供的美好事物有類似的態度。快樂的人就是像最後一種用餐者。飢餓之於食物，好比興致之於生活。那些對於用餐感到興致缺缺的人，就好像拜倫式不快樂的受害者；而那些因為義務而用餐的病人，好比禁慾者；貪吃之徒和酒色之徒沒有什麼兩樣，而美食家則是百般挑剔的人，認為生命中一半的樂趣都不是完美的。怪的是，也許除了貪吃之徒以外，其他的人都鄙視擁有健康食慾的人，認為自己比他們優秀太多。對他們來說，因為飢餓而進食，或是因為生活中有太多有趣事物而喜歡生命，是件庸俗的事情。他們從自己幻想的高度，低頭鄙視那些簡單的靈魂。對我來說，我可一點都不贊同這個觀點。所有心灰意冷的感覺，對我來說都是一種病態，雖然有時候客觀環境真的會造成這樣的感覺，但是一旦這種感覺產生了，我們應該盡快治療它，不應該認為它是智慧的更高形式。

假設有個人喜歡草莓，而另外一個人不喜歡，後者是在哪一點上比較高超呢？在草莓好不好這一點上，是沒有任何抽象的或是客觀的證明啊。喜歡草莓的人從草莓上得到愉悅，不喜歡草莓的人則無法得到。在某種程度上，喜歡草莓的人的生命更加快樂，也更多了一個適應社會的條件。在這樣的簡單事物上可以得證的道理，在更重大的事情上也同樣合用。在某種程度上，喜歡看美式足球比賽的人勝過不喜歡的人；而喜歡閱讀的人也比不喜歡閱讀的人更加高明，因為閱讀的機會比看美式足球的機會多。一個人的興趣愈多，就愈有機會累積快樂，就更不需要依賴命運的憐憫，因為如果他失去某樣東西，他總還有其他的寄託。生命很短暫，沒有辦法讓人對所有的事情都感興趣，但是如果能夠有足夠的興趣讓我們每一天都充實滿滿，是件好事。人都很容易顧影自憐，這樣的人就算世界為其展開多種面貌，他也會移開視線，寧願專注於自己內心的空虛。大家可千萬別以為顧影自憐有什麼偉大之處。

有兩台製作香腸的機器，可以把豬肉變成美味的香腸。一台機器保有對豬隻的興致，且製作了無數的香腸。另外一台機器則說：「豬對我有什麼意義？我的工作比任何豬隻都更加有趣、偉大。」所以他拒絕了豬隻，決定好好研究它自己。可是當喪失了天然的食物之後，它的內在停止運作，而它愈研究自己的內部結構，就愈感到空虛和愚蠢。截至目前為止，那些可以做出美妙轉換的精密設備都還在，只是它已經迷失了，不再了解那些設備到底可以做些什麼。第二台香腸機器就好像一個失去興致的人，而第一台機器就是還保有興致的人。人的內心就好像一台奇怪的機器，可以把所有得來的材料轉變成令人目眩神迷的東西，但是當沒有外在的材料時，機器則無用武之地，我們不像香腸機器，我們必須為自己找到材料，只有對生活中的事件感興趣，這些事件才能夠轉換成經驗。如果我們對這些事件不感興趣，這些事件就對我們毫無用處。也因此，一個把注意力轉向自我內心的人，會找不到任何值得關注的事；而那些對外界事物興致勃勃的人，偶爾當他把注意力轉移到自己的靈魂，他會發現所有以前採集、累積的各式各樣有趣材料，都已經被轉換重組成美麗且有價值的東西。

興致的形式不勝枚舉。福爾摩斯有一次在街上偶然拾起一頂帽子。觀察好一會後，他下了結論：該頂帽子的主人一定是在酒醉後才走來這裡，而他的老婆也不像以往那麼愛他。如果如此普通的物件都可以給人帶來這麼大的樂趣，那這個人的人生一定不會無聊。想想看在鄉間散步的時候，有多少值得注意的東西。有人可能對鳥類特別感興趣，有人則喜歡觀察植物，有人喜歡地質，也有人喜歡觀察農事等等。只要你對它們感興趣，以上任何一件事情都是有趣的。而當其他的客觀條件都一樣，一個喜歡以上某種事物的人，比起不感興趣的人更能適應這個世界。

同樣的，不同的人對周遭的人群也會有極大不同的態度。在一個長途火車的旅程上，某個人可能對其他旅客漠不關心，另外一個人則對車上旅客做出歸類，分析他們的個性，精準地猜出他們生活的環境，也許還有辦法挖出某些人最秘密的過去。根據對他人的感覺不同、觀點不同，人們呈現出不同的面貌。有些人覺得每個人都很無趣，有的人很快地就對每個接觸的人表達親善，除非另有原因讓他們選擇相反的態度。再拿旅行為例：有些人到過許多國家，住最好的旅館，吃和家鄉一樣的菜色，和在家鄉可以遇到的富貴閒人一起在餐桌上談論和家鄉一樣的話題。當他們返回家中，他們唯一的感覺就是好不容易從昂貴無趣的旅行中解脫。有的人旅行時注意旅途上特殊的事項，和當地人交朋友，觀察引起他們興趣的歷史或人文課題，吃當地的餐點，學習當地的習俗和語言，他們帶回家的是可以為許多冬夜加添快樂的回憶。

一個擁有興致的人不管在什麼情況下，都比一個毫無興致的人有更多優勢。就算是不快樂的經驗也對他有幫助。我曾經遭遇過擁擠的中國人群，也曾經到過西西里島的城鎮，雖然我沒辦法假裝在當時當刻享受該種感覺，但我很慶幸有那些經驗。有冒險精神的人，可以享受沉船、兵變、地震、戰火以及種種讓人不愉快的經驗，只要這些危難不致對他們的性命造成危害。舉例來說，在一場地震中，他們也許會對自己說，「喔，原來這就是地震啊」，而因為這項新東西讓他們又增長了見識，他們感到愉悅。如果說這些人的命運沒有操之在天並不正確，因為他們如果失去健康，也許就會失去興致，但是這種假設也並不是完全正確。我認識一些晚年在慢性折磨中慢慢死去的人，他就一直維持興致到最後一秒鐘為止。有些形式的病痛會摧毀興致，有些則不會。我不知道生化學家是不是有辦法區分這兩種人物，也許等生化科學有長足進步的時候，吃顆藥丸就能讓我們對每件事都感興趣，不過在那天到來之前，我們也只能靠常識分析哪些是讓某些人對各種事物充滿好奇的原因，又為什麼有些人就是對任何事都不感興趣。

有些興致是廣泛的，有些則是特殊的。英國作家博羅（George Borrow）的讀者，可能記得在《羅曼．羅依》（*Romany Rye*）中有個人物，這個人失去了他摯愛的妻子，曾有一段時間覺得他的生命已經徹底荒蕪。但是當他開始對茶壺和茶櫃上的中文落款感興趣，而靠著法漢文法書的幫助（他還特別為此學習法文）逐漸了解那些中文的意思，藉此他找到生命的新寄託，雖然他從來沒有把中文用在其他地方。我也認識某些致力於諾斯替教（Gnostic）異端研究的人，還有人的主要興趣在於蒐集整理霍布斯（Thomas Hobbes）[1]的手稿和早期著作。很難預先猜出什麼會引起一個人的興趣，但是大部分的人都有對某種事物產生興趣的能力，一旦找到這些興趣，人生的無趣繁瑣就不存在了。然而，比起尋常的興致來說，特殊的興趣比較難成為快樂的來源，因為特殊的興致很難填滿一個人的時間，而且很有可能在全盤透徹了解該興趣後就感到索然無味。

還記得前面我們談到對用餐具有不同態度的人們，其中談到貪吃者，找對這類人不感恭維。讀者也許會認為，我們讚賞的興致盎然的人，跟貪吃者有何分別呢？現在我們可以好好定義兩者的不同。

每個人都知道，老祖宗認為謙遜是項美德。在浪漫主義和法國大革命的影響下，很多人已經遺棄了這個觀念，而認為我們應該崇敬那些澎拜的激情，甚至欽佩那些拜倫式的英雄，即便他們那麼地具有破壞性和反社會性。然而，在這一點上，老祖宗顯然是對的。美好的生命中，不同的活動必須要保持一種均衡，我們不應該把某一項活動推到極致以至於其他活動都無法開展。貪吃者為了吃而犧牲了其他的樂趣，這樣做只會讓他生命的快樂總值降低。

很多吃以外的熱情也可能過度，像是約瑟芬皇后（Empress Josephine）[2]對於服裝的狂熱。開始的時候拿破崙儘管頗有微詞，卻還是替她付款，終於他告訴約瑟芬該學著節制點，並且只支付合理範圍內的帳單。當下一期的治裝費帳單來時，一開始她束手無策，接著她想出一個妙計，她約談陸軍部長並要求他從軍事費用中挪出錢來付她的治裝費。因為部長知道她有權力讓他免職，就屈從了，結果法國果然輸了熱內亞（Genoa）。這個故事出現在稗官野史中，可信度待考證。不過卻貼切地符合我們想要表達的概念，因為這個故事讓人知道如果一個女人過分沉迷於服裝，可能付出的代價有多大。酒鬼或者是色鬼都是最佳例證。在這些例子裡想要表達的概念很明顯，我們所有的嗜好和需求必須合理適度，不應超過生活的一般架

1 編按：十七世紀英國的政治家、哲學家。
2 編按：拿破崙的第一任妻子。

構。如果要把某些事情當作快樂的來源，得和健康的要求、我們所愛的人的感情與社會尊崇的價值一致才行。

有些事你可以盡量去享受，但是有些則不然。舉例來說，某個人很喜歡下西洋棋，如果他是單身漢，那麼不需要特別節制他的熱情；如果他有妻兒，卻沒有自制能力，那麼他就必須對下西洋棋有所節制。不過對於那些酒鬼或者是貪吃鬼來說，就算他們沒有什麼家累，他們的興致也並非明智，因為會影響健康，幾分鐘的快感可能會導致好幾個小時的苦痛。生活架構中的某些限制是任何興趣熱情都不應該超越的，要不然這些興趣終究會變成痛苦。這些事情包括健康、對己身能力的掌握、有足夠的收入購買必需品，以及最基本的社會責任，像是對妻子和孩子的責任。為了下西洋棋犧牲以上事項的人和酒鬼一樣糟糕。我們不太鄙視這種人的原因是因為這樣的人太少了，只有某些能力超群的人才有可能對這種腦力遊戲如此著迷。希臘對節制的標準就有類似的例子。如果一個人愛西洋棋的程度，高到讓他在工作時滿心期待在夜晚下一盤棋，那麼這個人是幸運的；但是如果這人放棄工作就為了下全天的西洋棋，那麼這個人就喪失了節制的美德。托爾斯泰（Lev Tolstoy）在年輕、放蕩不羈的時候，曾經因為作戰英勇得到軍事勳章，但是頒獎典禮的時候，他卻因為被一盤棋吸引住而決定不出席。我們很難說托爾斯泰這樣做是否正確，因為對他來說這個軍事榮耀可能可有可無，但是對於一個普通人來說，這樣的行為可能就是愚蠢了。

如果要對以上的金科玉律畫下一個界線，我們必須承認有些行為的確非常高貴，值得犧牲一切來完成。一個為保衛國家犧牲生命的軍人，就算他的家庭因為這樣一貧如洗，我們也不應該怪罪他。一個投入全副心力在實驗上，而讓家人貧困度日，最後終於得到偉大科學發現的人也不應該被譴責——前提是他最後取得成功。如果他因為最終沒有從無數嘗試中獲得任何結果而被責備，這對他並不公平，在這個領域中，誰能在開始時就能保證成功呢？在第一個千禧年，一個為了聖徒式的生活而放棄妻子的人備受讚譽，不過現在的社會則認為這樣的人至少該先為他的家庭負些責任。

我認為貪吃者和食慾健康的人之間有很深的心理差距。一個願意犧牲一切只為了達成某個目的的人，一定有很深的煩惱讓他想要逃離。酒鬼的例子特別明顯：他們喝酒是為了遺忘。如果他們的生命裡沒有恐懼，他們也不會寧願酒醉而不願清醒。有一句中國話說：「醉翁之意不在酒。」這句話解釋了很多過分以及偏頗的激情。他們不是在行為中找到樂趣，而是用該件事來遺忘。用酗酒來遺忘和運用自我的官能來遺忘，這兩者之間有很大的不同。博羅的那位朋友，用學習中文來遺忘失去妻子的痛苦，他的行為沒有製造傷害，反而增進了他的智識和知識。這種遺忘方式，當然沒有什麼好反對的。我們要反對的是那些用喝酒、賭博或是其他不良的刺激行為來遺忘的方式。當然有些行為很難判定好壞，對於那些賭命駕駛飛機或是登山挑戰極限，對生命厭煩的人，我們該說什麼？如果他冒的風險對公眾是有幫助的，我們也許會欽佩他；但如果並非如此，他們也只比賭徒和酒鬼好一點而已。

真正的興致，不是尋求忘卻的手段，而是人類天性的一部分，除非這個興致被不幸的環境所摧殘。年輕人對所見所聞的任何事都充滿興致，這世界對他們來說充滿驚奇，他們隨時隨地都因為熱情驅動來獲取知識，而不限於學術上的知識。動物們即使成年了，只要健康就會保有興致。在一個不熟悉的房間裡，一隻貓是不肯安閒地坐下來的，除非牠已經聞過房間的每一個角落，確定沒有老鼠的氣味。沒有被徹底擊垮過的人也會對外在世界保有興致，除非他的自由受到不當的剝削，不然他就會覺得生命多彩。

在文明世界中，一個人的興致會消失通常是因為對生命相當重要的自由受到限制。原始時代人們狩獵是因為飢餓，天生的本能驅動這個行為。現代的人按時上班，基本上也是受同樣的本能所驅動，也就是為保證餬口而努力，只是不像原始人那麼直接即時，而是很抽象地經由信念和選擇所驅動。在他決定去工作的那一刻，他可不覺得飢餓，因為他才剛吃過早餐。他只知道這個飢餓感會再發生，而去工作可以保證他未來得以免於挨餓。在文明社會裡，衝動是不合規範的，而習慣則必須合乎規範。原始人，甚至是原始人的團體（如果有的話），都是自發且衝動的。當某個部落要作戰時，鑼鼓聲激起軍隊的熱情，群眾的激昂帶動大家參與必要的活動。現代社會則不能這樣運作。當火車必須在某個時刻啟動的時候，可不能用原始音樂來鼓舞門房、引擎操作員和信號員。他們完成各自的職責，只是因為該工作必須被完成；也就是說，他們的動機是不直接的：他們對該活動沒有原始的激動，只對活動完成之後的報酬有感覺。

大部分的社會生活都有這樣的缺陷。人們交談，不是因為在當下想要這麼做，而是期望從合作中獲得利益。文明人隨時隨地都在和衝動對抗：如果某個時刻他感到特別高興，他不可以在街道上高歌或跳舞；如果他感到悲傷，因為害怕阻礙行人的交通，他不可以坐在人行道上哭泣。年輕的時候，他的自由在學校受到限制，成年後他的自由又在工作場合受到約束。所有對自由的束縛都讓人難保有興致，因為持續的束縛只會導致疲勞和無趣。

當然，一個文明世界的運行是需要對某些衝動加以限制的，因為即時的衝動只能促進最簡單的社會合作，卻不能促進現代經濟社會需要的精密合作。要衝破這些重重障礙來取得興致，一個人必須健康且有充沛能量，或者找到令自己開心的工作。統計上看來，近百年來文明世界的健康狀況穩定地進步中；但是很難衡量個人精力的多寡，而我很懷疑大家的體能可能不像健康狀況那麼樂觀。這基本上是某種程度的社會問題，不在本書討論範圍內。然而，這個問題在個人和心理層面上，和之前討論過的疲勞相關。儘管文明社會的生活如此艱難，還是有人能維持他們的興致，而只要能夠避免心理衝突（也就是避免耗損太多能量），大部分的人都可以保有他們的興致。興致需要的精力比好好完成工作所需的還多，因此格外需要心理機制的平穩運作。我會在下面的章節更深入地討論如何增進心理的平穩運作。

對於女性來說，因為對尊重的錯誤了解，以至於減低了興致，雖然現在的情況已經有了改善。如果女人對男人表示興趣，或是在公眾場合的表現過分活潑，大家會認為這女人不端莊。為了學習怎麼對男人不感興趣，女人經常要學著對任何事都不感興趣，或是只對某些正確的行為感興趣。教導這種對生活心如止水、毫無作為的態度，明顯和培養興致大相牴觸。她們不像一般的男性對運動感興趣，也對政治不聞不問，對於男性保持一種古板冷漠的態度，對於女性則潛藏敵意，尤其如果她們認為該女性不像自己一樣值得尊敬。她們對於自己潔身自愛、自掃門前雪的態度感到自傲。也就是說，對於她們而言，對周遭的同伴不感興趣是一種美德。當然，會變成這樣的情形不該怪罪她們，她們只是接受千年以來對女性最平常的道德教育。她們其實是壓抑的社會制度的受害者，她們沒看到這個制度的罪孽，值得同情。對這些女性而言，吝惜是件好事，寬容則顯得邪惡。在她們的社交圈子裡得想辦法謀殺樂趣，在政治上則喜歡壓迫的規範。幸運的是，這樣的人慢慢地在減少中，但是對主張自由的人來說，這樣的人還是太多了。如果有人懷疑這樣的聲明，我建議那些人去房屋出租處找地方住，然後在尋找的途中多注意那些女性的屋主。他會發現這些女性生活在所謂優越的女性的標籤下，她們毀壞所有生活的興致來取得這份優越，結果她們見識短淺、心胸狹隘。男性的卓越和女性的卓越應該是沒有差別的，不該像傳統教育下諄諄教誨那樣明顯地區分。對女性而言，就和對男性一樣，興致是取得快樂和良好生活的秘密。

第十二章——情感

讓人失去興致的主要原因之一，是沒有被愛的感覺，相對的，感到被愛比其他因素更能增進一個人的興致。人感到不被愛，可能有數種不同的原因。可能認為自己糟糕透頂不令人喜歡；也許在童年的時候就缺乏關愛，或者他還真的就是一個沒人喜歡的人。但是最終的真正原因，可能是因為早期的不幸讓這個人失去自信的緣故，而他可能因此用盡方式來贏得喜愛，可能對他人特別親切。然而，採取這樣的作法大有可能失敗，因為別人很容易就識破他的動機，而人的天性就是這樣，對於最不需要愛的人總是更願意給予。因此，這個想要以親善的動作來搏得他人喜愛的人，終究會因為別人的不知感激而幻滅。他從來不會這樣想：那些他想要搏得的喜愛的價值遠比他付出的代價還要高；不過他這樣做的根本原因，還是在於他感知到被愛是件重要的事。

另外一個不感到被愛的人，可能採取對世界報復的行為，也許是掀起戰爭或是革命；或者像史威夫特（Dean Swift）[1]一樣，透過一隻犀利的筆桿發聲。這是一種對不幸的英勇反擊，只有擁有強悍的個性的人，才有辦法與整個世界對抗，很少有人能夠達到這樣的高度。大部分的人如果感到不被愛，只會沉入膽怯的絕望，只有偶發的嫉妒和怨恨的光芒能夠解脫他們的壓力。這些人的生命總是變得極端的自我中心，而缺乏感情讓他們很沒有安全感，直覺的想要逃避，而讓習慣完全地左左右他們的生命。那些讓一成不變的生活規律支配的人，通常都是因為對冰冷的外在世界害怕，所以持續走和昨日一樣的路線，以避免和這個冰冷世界狹路相逢。

有安全感的人面對這個世界時，只要安全感沒有把他們帶向災禍，他們比沒有安全感的人快樂得多。雖然不是完全如此，但是在大部分的情況裡，安全感會幫助人們遠離危難，而沒有安全感的人通常會屈服。如果你要走過一塊狹窄的木板，恐懼會讓你更容易摔落。同樣的邏輯在生命中也可以得到印證。當然，無懼的人也會遇到突發的災禍，但是他很有可能在波濤洶湧中毫髮無傷，而一個膽怯的人，卻可能在同樣情況下傷痕累累。當然，自信心可以呈現出多種面貌。有的人可能在高山中感到自信，也有人則對大海無懼，另外還有人可以在天空中如魚得水。不過對於生活一般的自信來源，更多是來自人們需要多少愛就接受多少愛的習慣。這種被視

1 編按：愛爾蘭作家，以《格列佛遊記》聞名於世。

為興致泉源的被愛習慣，也是我這一章想要討論的主題。

給予人安全感的是被愛的感覺，而不是愛人的感覺，但是這兩種感覺相互依存。嚴格來說，不是只有喜愛才有這種效果，敬愛也會。一個以需要倚賴大眾敬愛為職業的人，像是演員、牧師、演講者、政治家，會愈來愈依賴大眾的掌聲。當他們得到公眾認可的獎賞，會滿心歡喜，生活充滿興致。若沒得到掌聲，他們則不愉快，開始變得自我中心。對於他們來說，群眾的熱情就好比少數人的盛情之於別人那般重要。

受到父母喜愛的小孩認為這份感情再自然也不過，得到這份感情他不會多想，雖然這份感情對他的快樂而言相當重要。他想著這個世界，專注於眼前的冒險，想像長大後更多迎面而來的冒險活動。但在許多興趣背後，他知道父母對他的愛會保護他度過重重難關。而那些因為某些原因沒有父母之愛的孩子，容易變得膽小而欠缺冒險精神，充滿恐懼和自憐，沒辦法以快樂的探索精神來面對這個世界。這些人在讓人驚訝的小小年紀便已展開對於人類命運的生死修行。他變得內向，開始時只是鬱鬱不樂，之後開始從某些哲學或神學系統裡去尋找不真實的慰藉。

世界如此紛亂，快樂與不快樂交雜著，想要找出某種條理或規律，只不過是恐懼的結果罷了，實際上，也許是患有懼曠症（agoraphobia）[2]或害怕開放的空間。身處被書架環繞的圖書館裡，膽怯的人或許反而感到心安。如果他可以說服自己這個宇宙其實也像這個空間一樣整齊有秩序，那麼當他走到大街上時，就可以感到心安。這樣的人，如果可以得到更多的喜愛，就會少害怕真實世界一點，也不需要去創造只存在信仰裡的理想世界。

然而，不是所有的愛護情感都會鼓勵冒險精神。給予的愛本身必須是堅強而非膽怯的；對於卓越的追求更勝於安全，但絕非是不顧安危。那些總是警告孩子小心可能會發生危險的膽怯母親或保母，認為每隻狗都會咬人，每頭牛都是鬥牛，這樣的態度只會讓孩子和她們一樣膽小，覺得除非自己緊跟在後，否則不安全。占有慾很高的母親喜歡孩子有這樣的態度：她希望看到孩子對她依賴遠勝於看到孩子有獨當一面的能力。長遠看來，這個孩子還不如沒有人愛。心靈在早期養成的習慣很有

---

2 編按：一種精神疾病，有懼怕至人多的地方、搭乘交通工具或獨處等症狀。

可能維持一輩子。很多人在戀愛的時候，希望能夠找到隔絕於世的小小避難天堂，在這裡就算他們不值得敬愛也會得到敬愛，就算他們不值得讚美也會得到讚美。對很多男人而言，家就是他們逃離真實的避難所：因為他們膽怯和恐懼，所以他們需要一個能安撫這些情緒的同伴。他們想要從妻子身上找到以往在不智的母親身上得不到的感覺，但當妻子視他們為大孩子時他們又會感到無比震驚。

要定義最完美的情感並不容易，因為顯然地每一種情感或多或少都摻雜了一些保護成分，我們沒有辦法漠視我們所愛的人被傷害。然而，我覺得比起對真實發生的不幸感到同情，對不幸的擔憂還是愈少愈好。為他人擔憂只比為自己擔憂好一點點，而且它常常是占有慾的障眼法，藉著擔憂別人，可以鞏固自己在他們心中的位置。這也是為什麼男人喜歡膽怯女人的緣故，藉著保護她們來占有她們。一個人所受到的關懷會不會反過來對他造成傷害，取決於這個人的性格：一個頑強且具冒險精神的人，可以承受大量的關懷，也不會造成傷害；至於膽怯的人，最好還是鼓勵他們少期待這樣的對待。

一般情感的接受有兩種作用，目前為止，我們談論的都是被愛和安全感的關係，但是在成年生活中，有一個更重要的生物功能，也就是做父母的問題。不管是男人還是女人，如果沒辦法受到啟發享受性生活都是相當不幸的，因為這等於是將生命給予男女最大的快樂活生生地剝奪了。喪失了這種樂趣，遲早也會破壞生活的興致，把人們導致內向的道路。然而，很多情況下童年所遭受的不幸，都會對人格發展產生傷害，進而長大後難以得到愛。這種情況發生在男性身上的例子似乎比女性多，女性通常是因為男性的個性而愛他，而男性通常是愛女性的外貌。在這一點上男性比女性差勁，因為整體上來說，男性喜歡女性的原因，比女性喜歡男性的更沒有價值。然而，我並不是很確定，好個性是否比漂亮的外貌更容易獲得。不管怎麼說，女性對獲取漂亮外貌的步驟很明白，且懂得怎麼去追求，相對的，男性通常完全不了解該如何培養良好個性。

以上我們討論的情感都是愛的獲得，現在換說愛的給予。給予的愛也有兩種，一種可能是生命興致的最重要表現，另一種則是恐懼的呈現。在我看來，前者絕對是值得讚譽的，後者頂多就是種慰藉。如果在好天氣裡你駕著帆船沿著美麗的海岸線前進，你讚賞著海岸線也從其中得到快樂。這種快樂完全是外界給予的，和個人的需求沒有關係；如果你的船壞了，而你必須游泳到岸上，這時候你得到的是一種新的情感：它代表對抗海浪的安全感，而它的美醜已經不再重要。前者的情感是較佳的那一種，要得到前者那樣的情感，只有在安全無虞的情況下，或者是對困住他的危險無動於衷。相對地，後者那樣的情感是不安全感所造成的。不安全感造成的情感較為主觀，也更自我中心，因為被愛者之所以被愛是因為他能夠提供的服務，而不是與生俱來的特質。然而，我並不是想要暗示這樣的情感在生命中沒有其地位。事實上，幾乎所有的真實情感都在不同比例上包含以上這兩種，而且當情感讓人從不安全感中脫困，這個人也重獲自由，可以對世界燃起在危險和害怕的當兒感受不到的興趣。不過，雖然我們承認這樣的情感在生活中有其地位，它還是不如另外一種情感，因為這種情感依著恐懼而生，而恐懼是邪惡的，另外，這種情感也比較自我中心。在最好的情感中，人是希望找到新的快樂，而不是從不幸處逃離。

最好的感情類型是有給有得的。每個人快樂的得到感情，也大方地給予他人，因為這種相互相生的快樂的存在，讓人覺得這個世界更有意思。另外有一種還算常見的感情類型，是無限度地榨取、接受他人的所給予，卻幾乎沒有回報。有些重量級人物就是屬於這種吸血類型，他們將受害者的生氣一個接一個吸乾，他們自己變得愈發生氣蓬勃，愈發有趣；而他們的受害者則愈來愈蒼白、了無生氣且遲鈍。這樣的人把別人當作達成自己目標的工具，而從來沒想過這些人也有自己的目標。基本上他們對他們愛著的人沒有興趣，只對可以激發他們的活動感興趣，而這些活動也許和人一點都扯不上關係。顯然地，這些人會這樣做一定是他們天性中有什麼缺陷，但是這種缺陷實在很難診斷或治療。這種缺陷常常和強大的野心一起出現，而且根植在對人類快樂來源的片面了解上。

兩個人之間真心關愛的感情，不是只為單方好，而是想要合力創造兩人皆好的結果，是真實快樂的重要元素之一。一個自我被堅固的鋼牆所囚禁而無法再成長的人，不管再怎麼成功，還是錯失了生命能給予的最好滋味。把情感隔絕在外的野心，通常是肇因於某種對人類的憤怒或者是憎恨，也許是青年的不快樂所導致的，也許是成年受到的不公平對待所導致的，或者是任何造成被迫害妄想症的因素導致的。如果一個人想要充分地享受這世界，就必須逃離過分強大的自我造成的牢籠。能夠真心地與他人交換情感，就是這個人掙脫牢籠的證明。光是接受愛還不夠，還得將它給予出去，只有在施與受平衡的時候，情感才能發揮最大的潛能。

對於相互的感情造成障礙的任何心理或社會原因，都是邪惡的，而這個世界已經受害不淺，也仍然受其所害。人們因為害怕給予的情感被錯用而遲疑給予他人讚賞，他們怕給予的情感被利用或被挑剔，而對付出感情遲疑。以道德為名或者是以全世界都尊崇的智慧為名，逼得大家小心翼翼，結果和情感有極深的連結的寬容和冒險精神都不被鼓勵。這樣只創造了人類全體的膽怯和憤怒，因為很多人錯失了人生中最重要的東西，而十個中有九個失去了快樂對待世界和寬容的態度。我並不是要表達那些所謂的不道德的人比其他人還優秀。在性關係上很少有能稱作真實的感情，常常只有基本的敵視。每個在其中的人都把自己保護地好好的，結果只是保有最根本的孤獨，每個人都毫髮無損卻一無所得。這樣的經驗一無價值。我並不是要建議大家小心翼翼地避免這樣的人，因為避免這些人所要採取的步驟，很可能會干擾培養珍貴且深厚的感情的機會。但我要強調，唯一有價值的性關係，是在關係裡沒有沉默，並且使兩個人的個性更融合、昇華。在所有的小心翼翼中，對愛的小心翼翼最容易對真正的快樂造成致命的傷害。

第十三章 — 家庭

自古傳下來的所有制度當中，恐怕沒有一個像家庭這樣混亂且喪失常軌的吧。父母對子女的愛，以及子女對父母的愛，本來是快樂重要的來源之一，但事實上，現今家庭的親子關係，十個有九個不佳，是兩造不快樂的來源，而一百個家庭裡有九十九個是其中一方不快樂的來源。家庭原本應該是快樂的來源，現在卻沒有辦法提供最基本的滿足，是造成這個時代不幸的深層原因。希望能和孩子建立起快樂的關係，或者是提供孩子快樂生活的成年人，需要好好思考怎麼當父母，並做出睿智的選擇。家庭這個課題太大，在此只談論它和幸福快樂的關係，以及個人能力能夠改變的部分。

當今，不快樂家庭的成因牽涉甚廣，心理的、經濟的、社會的、教育的以及政治的。就拿那些經濟較寬裕的社群為例，有兩個原因使這個社群的女性認為為人父母的負擔比以往更加沉重。一方面是單身女性的就職機會比以前多；另外一方面則是現今傭人服務的消退。古時候，女性之所以會結婚是因為無法忍受未嫁所需要承受的壓力。未嫁的女人沒有經濟能力，先是依賴她的父親，接著可能需要依賴某個不情願的兄弟。她沒有工作可以消磨時光，也沒有到四面牆壁打造出來的家庭堡壘之外享受生命的自由。她既沒有機會也沒有意願去找尋性的冒險，因為對於她來說，她深深相信婚姻以外的性行為是種放蕩。不管她怎麼樣小心，萬一失足喪失了美德，那麼她會陷入極度的不幸裡。《威克斐德的牧師》（*The Vicar of Wakefield*）描述地非常精確：

> 唯一掩飾她的罪惡
> 不讓眾人看見她的羞慚
> 導致愛人悔恨
> 扭痛他心的唯一方法，就是——死。

現代的未嫁女在這種情況下倒不需要一死，只要她受過良好的教育，就能賺到足夠的錢，也就不依賴父母的許可。因為父母不再擁有女兒的經濟掌控權，他們也就必須對女兒的道德勸說更加謹慎，因為對於一個不願聽他們嘮叨的人，嘮叨又有什麼用處。因此現代的職業單身女性，如果擁有水平之上的魅力和聰明才智，只要她們不臣服於想要小孩的慾望，即可徹底享有合意的人生。如果想要孩子的慾望占據了她，她便會想結婚，那麼大有可能失去工作。因此在物質上她降到比她習慣的層次還低的地方，因為丈夫的收入也許不比她工作時賺的多，而現在這份薪水不只是要養一個單身女子而是整個家庭。曾經享受過經濟獨立的她，很難習慣必須要為柴米油鹽錙銖必較的日子。凡此種種，讓這樣的女性在走入婚姻前難免遲疑。

那些真的跳入家庭的女性，發現比起過去的女性，她們遇到一個嶄新而令人震驚的問題，也就是僕傭的缺乏或品質低下。為了因應這樣的情況，她被迫要從事和她的專業能力及訓練毫無關聯的千種瑣事，如果她不親手做，那麼她也可能會因為幫傭的疏忽而亂發脾氣。關於照顧小孩的工作，如果她很細心地吸收各種相關知識，會發現幾乎不可能信任保母，除非她願意承擔災難發生的重大風險。她也沒辦法放心讓他人打理最基本的清潔及衛生問題，除非她負擔得起專業機構訓練出來的專職保母。被層層的瑣事壓沉肩膀的她，如果沒有很快地喪失魅力和四分之三的聰明才智那真是太幸運了。婦女們因為從事這些必要的瑣事，而讓丈夫、孩子厭煩的情況實在太常見了。晚上當丈夫回到家中，講起日常瑣事的妻子讓他感到無聊，對待孩子時，她的心中總是念念不忘因為孩子所付出的犧牲，所以她總是對孩子要求太多，而老是顧著瑣事的習慣讓她變得挑剔和小心眼。她為家庭的奉獻反而讓她失去家人的喜愛；如果她忽略家人而保持愉悅的心情和吸引力，也許她的家人還會更愛她些。[1]

還有另一個同樣嚴重的經濟層面問題。我指的是人口集中在都會造成的困難。在中世紀的時候，城市和現在的一些鄉村，孩子們仍然唱著這首兒歌：

在保羅尖塔上有棵樹
樹上結實纍纍的蘋果
倫敦鎮上的小男孩
帶著棍子跑，將蘋果都敲落
然後他們在籬笆間奔跑
直到跑到了倫敦橋

1 在珍・艾林所著的《不做父母》一書，對於影響職業階級的這個問題，有相當精闢的見解和建設性的方針。

保羅尖塔已經不存在了，我也不知道在什麼時候聖保羅和倫敦橋之間的籬笆也消失了。倫敦的孩子們能夠享受兒歌中所描述的快樂，已經是幾個世紀以前的事情了，但是不久之前大部分的人口都還住在鄉下，城鎮並不是很大，很容易就可以走出城鎮之外，也可以常常看到鎮裡的房子旁邊有花園。現在英國的都市人口已經遠超過鄉村人口，在美國這種差異雖不大但也急遽地增加中。像倫敦和紐約之流的大城市成長快速，要走出城市外需要花不少時間。住在城市裡的人，能夠擁有一層公寓的空間就應感到滿足，想當然耳，這些公寓和真正的土地沒有連結，而中產階級卻只能安於這絕對狹小的空間。如果有小朋友，公寓裡的居住品質真的很難維持。沒有空間讓孩子們玩耍，也沒有空間讓父母擺脫孩子們的噪音，結果是職業階級的人想要搬到郊區去，對孩子們來說當然是個好點子，但會大量增加一家之主的舟車勞頓，也減少他與家人相處的時間。

然而，這樣的經濟問題我並不打算討論，因為這已經超過本書討論的範圍，本書想著重的是個人該怎麼在此地此刻的環境中找到快樂。當我們談論現今環境中父母和孩子關係中的心理問題時，我們即離本書的主軸很近。這些實在是民主社會造成的問題啊。古時候，有主人和奴僕的關係：主人決定什麼事情必須完成，而基本上他們必須喜歡他們的奴僕，因為奴僕照顧他們的快樂。奴僕很可能憎恨他們的主人，不過並不到民主社會要我們認知的程度。就算他們真恨主人，主人也毫不知情，反正他們仍能持續享受快樂。對民主制度的廣泛接受讓這種情況改觀了：奴僕不再忍氣吞聲，對於權力毫不懷疑的主人開始遲疑和猶豫，於是兩者之間產生摩擦，造成兩者的不快樂。我並不是想用這樣的論調反對民主，因為我們現在所遭受的麻煩是重要轉型階段無法避免的，但是我們也不應該枉顧事實，因為這過渡期的確讓世界變得令人不舒服。

親子關係的改變就是民主觀念蔓延造成的特例。父母不再確定他們對孩子擁有權力，孩子也不覺得他們對父母欠缺尊重。之前需要嚴格遵守的順從美德已褪流行，並且本該如此。心理分析讓受過教育的父母心懷戒慎，生怕他們不小心傷害了孩子。如果他們親吻孩子，也許會造成伊底帕斯情節，如果他們不親，那麼可能會讓孩子因為嫉妒而憤怒；如果他們命令孩子做事情，可能造就罪惡感，如果他們不這樣做，孩子可能會培養出他們不喜歡的習慣。當他們看到孩子吸吮大拇指，馬上就聯想出許多可怕的結論，卻對於怎麼終止這行為毫無概念。為人父母，曾經是權威的象徵，現在變得膽小、焦慮，充滿道德感的疑慮。過去的簡單快樂已經消失了，現在的單身女性擁有很多自由，如果要結婚，等於是要決定放棄更多自由以成為人母。在這樣的環境裡，自律的母親對孩子要求太少，而不自律的母親則要求太多。自律的母親抑制天然的感情而變得羞怯，不自律的母親則因為自己為孩子犧牲太多而過分要求孩子回報。一者讓孩子的感情枯竭，另一者則過分刺激孩子的感情。兩者都不能讓家庭發揮最好的功效，以提供簡單自然的快樂。

看過這麼多問題之後，誰還會問出生率為什麼下降？大體看來，出生率降低很快地會讓人口減少，但是在較富裕的階層裡，均衡點早就破壞了，幾乎在所有高度文明的國家都是如此。富裕家庭的出生率還沒有確鑿的統計數字，但是我們可以引用珍・艾林（Jean Ayling）書中的兩個例子來得到以上結論。在一九一九年到一九二二年間，斯德哥爾摩職業婦女的生育率只占全體婦女的三分之一；而在美國，衛斯理女子學院（Wellesley College）的四千名畢業生中，在一八九六年到一九一三年間只生了三千個小孩，而要人口不至於消退則需有八千個小孩，且得沒有夭折的情況出現。白種人創造出來的文明好像都有這種降低生育率的奇怪特色。最文明的地方也是生育率最低的地方，而最不文明的地方卻是最多產的，在這兩者之間有不同的層級。目前西方世界最聰慧的階層正慢慢地消失。幾年後，西方國家的人口數字會減少，除非有從較不文明地區過來的移民加入。而一旦這些移民適應吸收了當地的文明，他們一樣也將變得不愛生育。有這樣特性的文明顯然是不穩定的，除非我們能夠找到辦法讓它增加人口，要不然這樣的文明很快地就會退位給持續保有生育誘因的新文明。

每一個西方國家的官方道德家都開始以勸導或訴諸柔性的方式來解決這個問題。他們一方面說每對結婚的男女，都有義務遵照上帝的旨意生育孩子，不管孩子是否健康快樂。另外一方面，男教士則碎碎叨唸著為人母的神聖快樂，謊稱擁有很多貧病交迫的嬰兒的家庭是快樂的來源。政府也來參一腳，說我們必須有足夠的人口當戰場上的砲灰，因為如果沒有足夠的人口可供摧毀，又怎麼能讓精緻巧妙的武器發揮功用？怪的是，就算做父母的認為他人應該採用這些論調，自己卻對這種論調裝聾作啞。

教士和愛國者犯了心理上的錯誤，如果教士倡導的地獄之火的論調真能夠威脅到人，也許他們可以成功，但是現在僅有少數人會把這種威脅當作一回事。而更輕微的威脅，是無法對此等私人議題起任何作用的。而政府的論調，基本上過分殘暴。也許真有人認為我們需要足夠的人口當砲灰，但是沒有人會希望自己的孩子是砲灰。因此，政府可以做的事只有讓窮人持續地處在無知狀態裡，但是統計數字上證明這樣的作法只有在落後的西方國家才可能發揮功效。即使真的存在關於生育的社會責任，卻很少有人會因為這項責任而生小孩。人們之所以想生小孩，是因為他們覺得孩子會帶來快樂，或者是他們欠缺避孕知識。還是有很多小孩的出生是因為後者，但是已經穩定地在減少中。再者，也沒有任何教會或政府的力量可以避免生育率的持續下滑。因此，如果白種人要存活下來，必須讓為人父母者能夠從中再得到快樂。

如果我們只考慮人類天性，而不考慮所處的社會環境，那麼我認為毫無疑問地，為人父母在心理層面上可以得到偉大且持續的快樂。而女性的體會定會比男性更深刻，不過男性可以得到的，也比一般以為的還要多。歷史文學作品多認定其為理所當然。赫卡柏（Hecuba）對孩子的關心比對丈夫普里阿摩斯（Priam）[2]多；麥克德夫（McDuff）[3]對孩子的關心比對妻子多；在《舊約》中，不管男女都熱中於繁衍後代；在中國和日本，傳宗接代的觀念則一直延續到現在。有人說，這樣的觀念來自對祖宗的崇敬，然而，我覺得恰恰相反，崇敬祖宗只是人們想要延續香火的反映。

回到我們之前討論過的職業婦女，一定是想要孩子的念頭非常強大，要不然沒有人會想要為此做出任何犧牲。就我個人的經驗而言，我從為人父這件事之中得到的快樂遠比其他地方多。我以為如果環境讓任何人放棄了擁有孩子的快樂，一種內在的基本需要將永遠無法被滿足，甚至會造成莫名的不滿足和精神委靡。

要在這世界上享有快樂，尤其在青春已逝的年紀，人必須要感到自己不是即將告別塵世的孤獨個體，而是生命洪流的一部分，可以從單一的細胞延續到無窮的未

2 編按：特洛伊（Troy）的末代君王。
3 編按：莎士比亞名劇《馬克白》中的男配角。

來。這個概念從理性的角度來看，無疑地是層次高深且極富智慧的，而從模糊的情感面上來看，它是相當原始、自然的，而且並不存在於高度文明的世界裡。那些擁有偉大成就和卓越貢獻、名垂青史的人，也許得以透過成就而讓生命在死後仍能延續。但是對於沒有特殊才能的人，生養孩子是唯一的方式。生育慾望萎縮，等同於把自己拉離生命的洪流，而且得承擔生命枯竭的危險；除了表現特別出眾的人之外，其餘的人在死亡時就畫上了生命的句點。死後的世界對他們毫不重要，而因此那些人對於自己的無所作為漫不在乎。對於那些子孫眾多的人而言，未來相當重要，至少在他們的有生之年是如此。這種感覺不僅出於道義或想像，還出於自然和本能。一個將感興趣的對象擴展到一己生命之外的人，自然有能力將其生命延展。像是亞伯拉罕（Abraham）想像他的後代會繼承應許之地的念頭無疑地帶給他滿足快樂，儘管也許要到很多代以後才會實現。因為如此，他才得以從可能扼殺自己所有情緒的空虛感中得救。

當然，家庭的基礎建立於父母對孩了的特殊情感之上，這種情感和他們彼此之間的或對待別家孩子的情感不同。當然有的父母感受不到什麼父母之愛，有的女性將別的孩子當成自己的孩子一樣愛護。不過，廣義來說，父母之愛是正常人類對自己孩子獨有的特殊感覺，承繼自動物祖先的天性。在這一點上，佛洛伊德的觀點在我看來就不那麼生物性了，如果觀察動物媽媽和其小孩，可以發現這位媽媽的行為，跟她和同齡雄性動物相處時不同。這樣的行為模式在人類也是一樣。如果不是因為這種特殊的情感，家庭這種制度也沒什麼值得討論的，因為孩子讓專業保母帶沒差。

然而，只要這種父母之愛沒有消退，它對於子女或者父母都是相當有價值的。父母對子女的情感價值，比任何他種感情更值得依靠。朋友間的感情是基於彼此的優點，情侶間的愛情是基於彼此的魅力。如果優點和魅力不存在，朋友或是愛人關係將會消失。在不幸的景況中，父母的愛最值得信賴，不管是在生病還是受侮辱的時候，都可以依靠父母的愛。受到讚許時，我們感到快樂，但是有自知之明的人都知道這樣的讚許可能消失。父母愛著我們只因為我們是他們的子女，沒有人可以改變這一點，所以比起其他人，父母讓我們更感到安全。身處順境的時候，這份愛看起來可能微不足道；但是失敗受挫時，它提供了別無他尋的慰藉和避風港。

所有的人際關係中，讓其中一方得到快樂比較容易，要讓兩方都得到快樂相對困難。獄卒以監視犯人為樂；老闆也許以恫嚇員工為樂；統治者也許享受控制子民的快感；老派的父親樂於棒打孝子。然而，這些樂趣都是單方面的快樂，對另外一方而言，在這種情況裡顯然難以快活。單向的快樂仍有缺陷：我們相信好的人際關係應該能夠同時帶給雙方快樂。這種相互性在親子關係上尤其重要，如今的父母從孩子身上得到比從前更少的快樂，而孩子則比從前少受一些父母的折磨。我不認為真有什麼特定原因，讓父母比起舊時代從孩子身上得到更少的樂趣，雖然事實如此。但我也不認為該有任何理由讓父母不去增加孩子的快樂。但是要達到這一地步，就必須像現代社會想要達成的所有的平等關係，得有一定程度的細膩和溫柔，以及對他人相當程度的尊重，但是這些都絕非一般生命的好鬥性可以成就的。讓我們想想為人父母的快樂，先從生物性上的重要性來看，接下來父母也許被這樣的態度所啟發，而能夠以同樣的態度對待其他人，這即是一個平等的世界所需要的。

為人父母的快樂的原始來源有兩方面。一方面是感覺到部分的自己得以延展，在死亡之後還可以持續生命，而這個延續的生命也可能依此方式再度延展，那麼生命就能不朽。另外一方面，其展現了權力和溫柔的完美結合，新的生命很無助，所以內心有股滿足其需求的衝動，這股衝動不但滿足了父母對子女的愛，也滿足父母對權力的慾望。只要他們覺得嬰兒無助，他們給予的愛就不是無私的，因為那是保護自己軟弱的一部分的天性。但是在孩子很小的時候，父母對權力的愛和為孩子好的慾望便開始產生衝突，因為雖然說掌控孩子的慾望是由天性所驅動，但是如果孩子能夠盡快地學習獨立，更是件好事，而這卻和父母的權力慾相牴觸。有些父母從來沒有意識到這衝突，總是權威地對待孩子，直到孩子有能力反抗。而有些人覺察到這樣的衝突，而在這兩種衝突的情緒下受苦，失去了為人父母的快樂。他們照顧子女，最終屈辱地發現孩子變得和他們希望的完全不同。他們希望孩子成為軍人，而孩子卻成為一個和平主義者。或者，像是托爾斯泰的父母希望他成為一個和平主義者，他卻參加了「黑色百人隊」（the Black Hundreds）[4]。但也不是只有在這種情況下為人父母者才感覺到困難。如果孩子已經會自己吃東西了，你還持續地餵

4 編按：二十世紀初期，成立於俄國的反猶太跟反革命組織。

他，那麼就是把對權力的慾望看得比孩子還重要，儘管你只是好心地想省去孩子的麻煩。如果你讓孩子對危險過分敏感，也許只是希望孩子依賴你。如果你給孩子誇張的愛護且要求他的回應，那麼你也許打算藉著孩子的情感以抓緊他。占有及衝動，讓父母在或大或小的各種決策上犯錯，除非他們時時確定自己的動機是純正的。

現代的父母了解這種危機的存在，有時候會失去照顧孩子的自信，反而更難好好照顧孩子，還不如允許自己有犯錯的時候，因為沒有比不確定和缺乏自信更會在孩子的心靈種下憂慮。因此比小心翼翼更好的方式是維持心思的純粹。一個真心地把孩子本身擺在自己的權力慾之前的父母，即能本能地將他們導上正確的路，他們不需要由心理分析教科書告訴他們什麼該做、什麼不該做。在這樣的情況下，親子關係從開始到結束都會保持和諧，孩子不需要叛逆，父母也不需要頭痛。但是這需要為人父母者能夠在一開始就尊重孩子的個性——這不只是原則上的尊重，不是道德上的也不是知識上的，而是一種神祕的深層感覺，讓所有的占有或是壓抑的行為都變得不可能。當然不是只有在對待孩子上需要這樣的態度：在婚姻上這也是相當必須的，在友誼上也是，雖然在朋友關係中，比較容易達到這樣的尊重。在一個美好的世界中，這樣的尊重在不同團體間的政治關係上隨處可見，但這實在太奢求了，我們還是別念念不忘。放眼望去，最需要這種親善態度的就是孩子了，因為他們無助，而且嬌小軟弱。

在現代社會裡，只有對孩子真正尊重的父母，才有可能真正的快樂。這樣才不會因為權力慾被抑制而感到厭煩，也不用擔心孩子自由獨立之後自己會很失落。而持有這種態度的父母所擁有的快樂比那些專制型父母於權力極盛時期擁有的還要更多。被溫柔梳洗過的愛，可以洗去所有傾向暴力的天性，還可以讓快樂變得更特別、溫馨，還能夠把像尋常金屬般的日常生活，改造成像純金一般神祕歡愉，這是任何一個想在這不易立足的世界上竭力維持自己的權力地位的人所享受不到的快樂。

當我大力鼓吹父母之愛的價值時，我絕沒有想要暗示（雖然很普遍）這樣的結論：母親應該盡可能地為孩子盡心盡力。在以往沒有人知道該怎麼照顧孩子，只能靠老一輩的婦女把一些沒有科學根據的常識傳給年輕婦女的年代，母親照顧孩子是天經地義的。

現代的社會則普遍認為把照顧孩子的責任交給專業人士來處理更佳，同時這個課題也被教育部認可為學科的一部分。不管母親怎麼愛孩子，也可能無法教導孩子微積分。關於書本上的知識，人們明白與其讓不懂的母親來教，還不如委託專業人士。但是書本以外的其他部分，無疑地最好讓母親來指導，然而孩子愈長愈大，學的東西也愈來愈多，也就更需要讓其他人來教導。如果大家都認可這樣的態度，也會減輕母親的困擾，因為她們不需要再從事自己不擅長的事。不管是對個人或群體而言，一個擁有專業技能的女性，就算成為一個母親之後，還是最好讓她有選擇是否繼續在工作崗位上發揮所長的機會。也許在懷孕後期以及哺乳期，她沒有辦法工作，但是孩子九個月大之後就不再構成母親重回職場不可逾越的障礙。

當社會不合理地要求母親為孩子犧牲，這個並非聖人的尋常母親就會過度地希望獲得孩子的回報。那些一般形容自己為自我犧牲的母親，其中大部分都是對孩子極為自私的母親，因為即使為人父母是生命中很重要的一部分，但如果把它當成人生的全部，它就不再令人滿足愉悅，並且容易變成在情緒上想要牢牢抓緊孩子的父母。因此，為了雙方好，身為母親的人還是不應該輕易切斷自己和興趣的連結。如果她很會照顧孩子，那份知識讓她從容地照顧自己的孩子，那麼她的才能應該更被廣泛利用，她可以化此為職業，專業地照顧一群兒童，包括自己的孩子。如果父母已經盡到國家規範的基本責任，只要他們不逾越專業的意見，他們有權利對誰該照顧他們的孩子和孩子該受到怎麼樣的照顧發表意見。但是不應該強制要求一位母親去做她不擅長的事情。面對孩子時手足無措且對他們的行為百思不得其解的母親並不少見，她們應該停止猶豫，就讓受過專業訓練的其他女性照顧她們的孩子。上天並不會賜予女人扮演好母親角色、照顧好孩子的本能，而當關懷超越某個程度就變成占有慾的偽裝。很多小孩心理上的創傷，都是由於母親的無知和多愁善感所造成的。人們都認為父親較不善於照顧孩子，但儘管如此，孩子還是像愛母親一樣地愛著父親。如果要讓女性從不必要的奴役中解放，同時也讓孩子能夠受益於對身心養成有幫助的科學知識，那麼我們必須讓母子的關係，更像父子之間的關係。

第十四章——工作

工作該歸類為造成快樂還是不快樂的原因，真是讓人很難決定。當然總是會有讓人心生厭煩的工作，而過多的工作的確讓人痛苦。然而，我認為如果工作並不過分，對大部分人來說，再無趣的工作也比閒閒沒事做來得好。工作分很多種層次，根據工作的種類和工作者的能力，可以從單純的打發時間到給予人深層的愉悅。大部分人的工作都不有趣，但就算是這樣的工作也有它的優點。

首先，它填滿一個人一天的主要時間，讓人不需要老想著該做些什麼。一般人一旦有時間自主權時反而不知所措，想不出哪些事能夠提供快樂、值得去做。而不管他們最後決定做什麼，總是覺得別的點子更好。文明的最後產物就是要懂得怎麼聰明妥善地運用空閒時光，現在的社會中很少人能夠達到這種程度。此外，做決定本身就很累人。除了那些特別積極主動的人以外，其他人大概都寧願讓別人來告訴他們該做些什麼，只要該做的事情別太煩悶即可。很多富有的人都有種說不出的苦悶，彷彿這是免除勞動必須付出的代價。偶爾他們到非洲去打獵，或者是環遊世界來放鬆心情，但是在青春逝去之後，這些活動帶來的快樂實在有限。因此，聰明的有錢男人還是像他們窮苦時一樣辛苦的工作，有錢的女人則忙碌於她們確信會撼動世界的無聊瑣事。

因此人們是需要工作的，首先且最重要的原因，是工作可以防止無聊。人們從無趣的工作中產生的無聊感，遠遠不及無事可做的無聊感。工作的另外一個好處，就是讓假日更加令人期待。只要一個人的工作不會讓他繁忙到喪失元氣，他就一定可以在空閒時找到比任何一個遊手好閒的人更多的樂趣。

有薪工作或某些無薪工作的第二個好處，是它帶來成功和滿足野心的機會。很多工作中成功是以收入多寡來衡量，只要仍處於資本主義社會，這樣的衡量方式是不可避免的。只有當一個人認為他從事的工作是最好的工作，這樣的衡量方式才會自動地失效。工作者想要更多的收入，背後的原因是渴望更多的成功，因為更多的收入可以提供更舒適的生活。儘管一份工作再無趣，如果它可以建立起個人在世界上或自我社交圈的名聲，那麼它的無趣也變得可以容忍。長遠看來，能夠持續地認定自己的存在是有價值的，的確是創造快樂的重要元素之一，而大部分的人藉著工作來達到這個目的。這樣看來，那些被家務占滿時光的女人，的確比男人或職業婦女更加不幸。家庭主婦沒有薪水，也沒有自我實現的方式，丈夫把她的存在當作理所當然（他基本上看不到她的貢獻），她在丈夫眼中的價值來自於其他的特質，和她做的家事毫無關係。當然，這樣的情況可能不適用於那些特別能幹的家庭婦女，她們把家布置地漂漂亮亮，整理美麗的花園，讓她們的鄰居羨慕地要死。但是這樣的女人實在太少了，大部分的情況下，家務帶給主婦的滿足，遠遠比不上工作帶給男人和職業婦女的滿足。

消磨時光，或多或少滿足野心，是大部分的工作可以提供的滿足，足夠讓一個從事無趣工作的平凡人，比起遊手好閒的人，得到更多的快樂。但是有趣的工作不僅能夠讓人從無趣中解脫，更能夠帶來更高程度的滿足。根據有趣程度的多寡，這類的工作分成相當多層級。我要先從只是稍微有趣的工作開始談起，最後談到值得一個偉大的人貢獻全副能量的工作。

讓工作有趣的主要元素有二：技巧的運用以及建設性。

任何學到某些特殊技巧的人，都喜歡持續地運用這份技巧，直到它變得平凡無奇，或者是無法再精進為止。我們從幼兒時期就可以看到這種傾向：學會倒立的男孩變得不情願用腳站立。很多工作都可以提供類似從遊戲中獲得的樂趣。律師或政治家的工作想必提供了類似玩橋牌能得到的樂趣，甚至更加美妙。當然，在這個例子中，他們不但需要運用技巧，還必須比敵手更機智。然而，就算拔除了競爭這個元素，光是完成困難的任務一樣讓人心滿意足。一個在飛行表演中當替身的人，一定覺得其中的樂趣無窮，值得他賭命。在我想像中，儘管外科醫生處在壓力巨大的工作環境，他必然從手術的精準中得到樂趣。從技術性次一等的工作中也可以獲得一樣的樂趣，儘管密度不會那麼高。我曾經聽說有水電工熱愛他的工作，不過我運氣不佳，還沒有遇過這樣的水電工。所有需要技巧的工作都有給人樂趣的通性，只要這技巧有價值和無限的進步空間。如果缺乏這些條件，那麼當工作者將他的技巧進展到最高峰，這份工作也就不再有趣了。一個中距離跑者，當他已經超過可以破紀錄的年齡時，就不會再認為這份工作有趣。幸好，很多工作總會面臨技術提升的情況，所以工作者可以持續地進步，直到中年。不過，有些工作愈老愈幹練，像是在政壇上，似乎六十到七十歲之間是最好的年齡，因為與人相處的經驗對這份工作很重要。因此，一位七十歲的政治家可以比同樣歲數但是從事他種工作的人更快樂，唯一可以和他們媲美的，是商場上的巨頭。

然而，最好的工作還擁有另外一個元素，從快樂來源的角度來看，這個元素比運用技巧更加重要，就是建設性。在有些工作中，可以建立起某種完成後依舊存在的里程碑。也許可以用以下的條件來區分建設和破壞。建設是初期困難重重，但是在最終的階段，得以建立起為了某種目的存在的東西。破壞則是把上述顛倒過來：開始的時候，有某種目的，到最後卻荊棘橫生，換句話說，破壞者刻意創造出不為任何目的存在的東西。這樣的定義也適用在最直接淺白的例子，也就是建築物的建設和破壞。蓋一棟房子的時候，必須要依照之前設計好的計畫工作，拆建過程中難免有破壞，但此時的破壞只是整體計畫中的一部分，並不影響這個計畫的建設性。某些人只破壞，卻沒有之後的建設。他也許常常欺騙自己，這樣做只是掃除建設新事物的障礙，但是如果這個信仰只是一種藉口，只要問他接下來的建設為何就可以揭穿他。面對這個問題，他鐵定回答地模擬兩可、毫無熱情，但如果談及的是建設初期的破壞，他就會興致勃勃地給你精準的答覆。不少的革命家、軍事家及他種暴力的信徒皆然，也許他們並不這麼覺得是被憎恨驅動才進行毀壞。摧毀他們憎恨的東西是他們的真正目的，至於之後該發生些什麼則與他們無關。我不否認破壞性的工作和建設性的工作一樣有其樂趣，但它殘暴、強烈，卻無法帶來如建設性的工作一般的滿足感，因為最終的產物中沒有可以撫慰人心的東西。你殺敵，他死了之後你的工作也完成了，從勝利得來的喜悅很快地就消失了。反過來，完成了建設性的工作之後，有件東西讓人光是想著就開心不已，而且因為不夠完善而讓人覺得可以再多做些什麼。最讓人心滿意足的目標，就是那些永無止境地將人從這個成功帶到下一個成功的目標。也因此，建設性的工作當然比破壞更能作為快樂的來源。也許更正確的說法是，那些在建設中得到的滿足，比起破壞愛好者在破壞中可以找到的滿足感更巨大，因為一旦心靈被憎恨占滿，就更不容易從建設中得到快樂。

而且，很少事情能比建設重要事物的工作機會更能治癒仇恨的惡習。

創業成功得到的滿足，在生命中可算是一種巨大的快樂，不過只有具備卓越能力的人才有緣取得。沒有人能夠奪走某人在成就中得到的快樂，除非該份成就只是失敗的明證。這類的滿足有很多種形式。從事灌溉工程的人，他的工作是讓野地的花朵像玫瑰般盛開，這即是享受此類滿足的一種形式。創建某個組織可能是相當重要的工作。政治家為了在混亂中創造秩序而獻身，也是相當重要的，當代的列寧就是屬於這一類佼佼者。最明顯的例子是藝術家和科學家。莎士比亞談論他的詩作時說：「只要人們還在呼吸、眼睛可以見物，這詩作就會永遠存在。」無疑地，這樣的念頭讓他在遭受不幸時得到慰藉。在他的十四行詩中，他強調對朋友的想念將他拉回人生的道路，但是我忍不住懷疑，他寫給他朋友的十四行詩比他的朋友更有功效。偉大的藝術家和科學家，從事的工作本身就是令人愉悅的。當他們工作時，他們得到值得擁有的尊重，這尊重帶給他們最基本的能力，也就是運用人類想法和感覺的能力。他們也有為自己感到驕傲的最佳理由。種種幸運條件的結合下，足夠讓任何人快樂了吧！不過不完全如此。舉例來說，米開朗基羅就非常地不快樂，並且強調（雖然我並不覺得是事實），如果不是因為要幫窮親戚還債，他才不會花這麼大的工夫來創作。通常創作偉大藝術的能力總和不快樂的脾性牽扯在一起，這不快樂是這麼強大，要不是從藝術創作中能夠得到樂趣，藝術家早就自殺了。我們沒辦法下結論說偉大的作品必定讓創作者快樂，我們只能說它讓人比較不快樂。然而，科學家則不像藝術家經常有不快樂的脾性，而大部分的偉大科學家都是快樂的，工作是他們主要的快樂來源。

現今社會上造成知識分子不快樂的原因之一，就是他們之中有很多人，尤其是文學家，找不到能夠獨立發揮才能的機會，只好為富有的公司工作，這類的公司通常由鄙視或不懂藝術的人所經營，總是要求知識分子製造自己都認為無聊的東西。如果你問英國或美國的新聞從業者，他們是否相信自家的媒體政策，我判定只有很少人相信。其他人都是為了餬口，為他們認為有害的目的出賣技能。這樣的工作沒有辦法帶來真正的滿足，而勉強自己做這份工作的過程中，這些人變得憤世嫉俗，無法再從任何事物中得到全心的滿足。我並不想責備從事這些工作的人，因為餓死並不是更好的選項，但是如果有可能在可以餬口的前提下，找到滿足人類建設性衝動的工作，那麼為了這個人的快樂著想，他應該從事這份工作，而不是找一份薪水較高卻不覺得值得從事的工作。真正的快樂很難在缺乏自我尊重的條件下產生。而一個對自己的工作感到可恥的人，是很難達到自我尊重的狀態。

也許從建設性工作中得到滿足只屬於少數人的權利，但是這少數人為數還不少。任何能夠在工作上做主的人，都可以感受到這種滿足。從事自己認為有貢獻且需要相當技巧的工作者，都可以感受到這種滿足。教養出令人滿意的子女是相當困難的建設性工作，而其更能帶來深層的滿足。任何達到上述目的的女性，都應該認為她的辛苦的確為這世界增加了價值。

在是否能夠以整體性看待自我的生命上，每個人的差異相當大。對某些人而言這很簡單，而這也是獲取快樂的關鍵。對其他人而言，生命是由一系列的散亂事件所組成的，無法整合，也沒有所謂的整體方向。我認為前者比後者更能達到快樂的境界，因為他們會逐漸建設起讓他們能夠從中得到滿意和自重的環境；而後者只能隨波逐流，今天是這樣，明天又是另一個樣，無法安定。能夠將生命看成一個整體，不但在智慧上或真正的道德觀上都是重要的，也應該在教育中提倡。有持續不變的目標不足以創造快樂的生命，但它幾乎是快樂生活不可或缺的條件，而持續不變的目標主要存在於工作中。

第十五章——閒暇興趣

這一章我想要討論的不是建構人生志業的主要興趣，而是填滿休閒時間、讓人可以在嚴肅的要務之外得到放鬆的興趣。一般男人的生命中，妻小以及經濟狀況占據了他大部分的思考時光。如果他還有婚外情，這個家庭大概不會像本來的家庭般對他影響重大。那些和工作上有牽扯的興趣，並不是我們這一章要討論的重點。舉例來說，科學家必須在研究的路上與時並進，當他研究和自己工作相關的課題時，他感覺到的溫暖和活躍都和他的事業息息相關，如果閱讀和自己工作不相關的研究報告，則可以採取另外一種心情來吸取這些知識，不需要那麼嚴肅、挑剔。就算他需要花費心思來吸收這些研究，他仍然是以一種放鬆的方式來閱讀，因為這些研究和他的責任無關。如果那些書吸引著他，這份興趣就是閒暇興趣，而他無法用這樣的心情來對待和自己工作相關的課題。在這一章我想要談論的就是這類人生主要活動之外的興趣。

疲勞或神經衰落會令人無法對和生命沒有太大關係的事物感興趣。這是由於人的顯意識總是被讓人焦慮或擔憂的瑣事所盤據而無法休息。只有在睡覺的時候，顯意識才終於可以休息，讓潛意識逐漸收穫成熟的智慧。結果這讓人情緒不穩、缺乏判斷力、易怒、分不清輕重。以上是疲勞的原因也是後果。當人愈來愈疲勞，他外在的興趣即慢慢地消失，當它們都消失後，這個人也喪失放鬆心情的方式，變得愈來愈疲累，惡性循環之下必然造成崩潰。為什麼外在的興趣可以讓人放鬆呢？因為不需要採取任何行動。做決定、運用意志都是很累人的事情，尤其在時間緊迫、沒有潛意識幫助下完成這些動作更是如此。那些認為在做重要決定之前，該先休息一會的人是正確的。但不是只有在睡覺的時候，潛意識才能發揮作用，其實潛意識也可以在清楚意識被別件事占據的時候發揮其作用。當工作結束之後，可以拋開工作直到隔天上班的人，比下班後還對工作念念不忘的人更能勝任該份工作。而一個有許多興趣的人，比起一個只有工作的人，更有可能在下班的時候忘記工作。然而，該些興趣不能占用工作時需要的精神，不應該消耗過多的意志以及判斷力，也不應該像賭博一樣和金錢扯上關係，而且不能太刺激或占用到太多主要意識以至於造成情緒的疲乏。

很多娛樂都可以符合上述的條件，看球賽、看電影、打高爾夫都無懈可擊地符合這些條件。喜歡看書的人閱讀和自己工作無關的書籍也是相當不錯的選擇。不管生活中有多大的煩惱，都不應該讓它占據你全部的生活。

在這點上，男人和女人很不一樣。男人基本上比女人更容易忘記工作。如果女人的主要工作場合是在家裡，那這無可厚非，因為她們不像男人可以改變環境，離開辦公室讓男人有機會轉換心情。而在外工作的女人也像家庭主婦一樣，很難對沒有實際重要性的東西感興趣。心思和活動被工作目標牢牢地占據，很難對無須費心思的閒情逸致感興趣。當然有例外存在，但是一般來說就是如此。舉例來說，在女子學院裡，女性的晚間話題聊的都是工作，但是男子學院則截然不同。對於女性來說，這樣的特性呈現出比男性更高層次的覺悟，但是我不認為長期而言這對她們的工作有幫助，反而通常會導致偏狹，甚至狂熱。

閒暇時的興趣除了讓人放鬆之外，還有多種用途。首先，它能讓人保有良好的分寸感。我們很容易過分專注於個人的追求、個人的小圈子或工作，而忘記這些在人類的活動中只占了很小的一部分，世界上絕大部分的事都不會因為我們的所作所為而受到影響。你也許會問，為什麼我們該記得這些？有幾個答案。第一，了解與自己專注的活動同時運行的真實世界的面貌是件好事。我們在這世界上存活的時間非常短暫，而在這短暫的時光中，一個人應該要去理解這詭秘的星球及其在宇宙中的位置。忽視自己求知的機會（儘管這些機會並不完美）就像走入戲院卻不聆聽表演一樣可惜。世界有多種面貌，喜劇的、悲劇的，雄壯的、古怪的或驚人的，對這些多樣性不感任何興趣的人，如同放棄生命所提供的一種特權。

分寸感是非常重要的，有時候還會撫慰人心。我們對於自己存在的世界一隅，以及介於生死之間的剎那，有過分的激動、過分的承擔，也過分地看重。對於自我的重要性感到興奮或高估都不可取。這樣的想法雖然可能促使我們更賣力工作，卻無法讓我們工作地更出色。量少質精的工作比量多質差的工作來得好，雖然那些勤勉的鼓吹者並不這麼認為。那些對工作太關心的人，總是面臨陷入狂熱的危險——專注於一兩件喜歡的事而忘記所有其他的事，並且為了完成這一兩件事，而不顧任何其他負面影響。對抗這種狂熱的脾性，最好的預防方法就是讓這個人對自己的生命，以及他在宇宙中的地位有宏觀的概念。這樣的呼籲似乎有些大驚小怪，但是撇開對抗狂熱不談，了解這樣的概念本身也是相當的有價值。

現在高等教育的一個缺陷，就是過分專注於某些技能的培訓，而缺乏對於世界有公正廣泛的觀察，以訓練、拓展思維與心靈的格局。如果你過分沉浸在政治的競爭裡，為了讓服務的政黨勝利而辛苦工作，同時你發現必須增進仇恨、暴力和懷疑來取得勝利。舉例來說，也許你發現欺辱他國是通往勝利的捷徑。如果你的心智範圍只局限於現在，或者你被效率至上的觀念洗腦，那麼你就很可能採取這種不良的手段。經由這些手段，你也許贏得眼前的成功，但是在遠處等著你的可能是場大災難。反之，如果你想著過去的人類是經過多麼漫長的過程才走出蠻荒，而和宇宙星辰比起來生命又是如何短暫——如果這樣的想法已在你心裡成形，你就會了解現在的短暫爭鬥實在沒必要，人類好不容易才從暗黑時代掙扎出來，豈能再走回頭路？同時，如果你遭遇挫敗，你也懂得這只是暫時的，而不會去使用卑劣的武器。在當下的活動以外，你會擁有長遠且日漸明確的目標，在其中，你永遠不是孤立的個體，而是帶領人類走向文明的一份子。如果你接受這樣的看法，不管命運將帶領你走向何處，某種深層的快樂永遠不會離開。你的生命將和各個時代的偉人同在一個集合裡，個人的死亡不足掛齒。

如果我有權力建構心目中的高等教育，我會替換掉老舊的標準宗教教義，這些教義吸引不了年輕人，只能得到既無智慧又最蒙昧者的青睞，或者說，其實根本就不該稱之為宗教，因為那些教義只不過是一些老生常談罷了。我希望能讓年輕人積極了解過去，認知比起一己的生命，人類的未來可以無限延伸，讓他們意識到這個行星的渺小，而生活在這個行星上的我們倏忽即逝。雖然這些基礎似乎在強調個人的微不足道，但是年輕人將會驚喜地發現，個人能夠成就的境界其實相當偉大，而在浩瀚宇宙中，我們也尚未找到與此有同等價值的東西。很久以前斯賓諾莎（Baruch de Spinoza）[1]曾談論過人性的枷鎖和自由，他寫作的形式和使用的語言，讓哲學系以外的學生難以理解他的觀點，於此我想強調的重點和他的觀念相當接近。

一旦個人察覺到讓靈魂偉大的方式，不管這覺醒是暫時的抑或簡短的，如果他繼續挑剔、自私、為瑣事煩心或擔心命運會帶來厄運，便會不再能夠感到快樂。能夠拓展自我靈魂的人，會大開心靈之窗，讓從各處颳來的風自由無阻的進入。在個人的極限內，他對自我、生命和世界都有最真實的認識，了解人類生命的短暫和微

1 編按：十七世紀的荷蘭哲學家，是西方近代哲學史重要的理性主義者。

不足道，也意識到已知宇宙的一切價值都匯聚在個人的心中。而且他知道，可以映照整個世界的心靈，會變得和世界一樣偉大。一旦從被命運操弄的恐懼中解放出來，他就能夠經驗深層的快樂，任憑萬物變遷，靈魂深處他依然快樂。

離開這廣大的思索，回到閒暇興趣，它們的確是創造快樂的好幫手。就算一個人的生命再順遂，還是會有不如意的時光。除了單身漢，很少人不和太太吵架；很少父母沒有因為孩子生病而焦慮；很少生意人沒有經歷過財務上的壓力；很少工作者沒有被失敗找上門過。在這樣的時刻，如果能夠轉移注意力到和焦慮不相關的興趣上，真是天大的福氣。在一籌莫展的焦慮狀況下，有人玩西洋棋，有人讀偵探小說，有人沉浸在天文學裡，有人則閱讀迦勒底的吾珥（Ur of the Chaldees）[2]的相關發掘文獻來撫慰自己。以上四個人都採取了聰明的舉動，而沒有採取任何行動來轉移注意力，任憑困擾占據心靈的人，不但不聰明，且當機會來臨時無力解決問題。

一樣的邏輯也適用在無法挽回的悲痛，像是摯愛的人死亡。沉浸於痛苦中一點幫助也沒有。悲痛是不可避免也可以理解的，但是我們應該盡可能地做些什麼來減少痛苦。有人想要從不幸中萃取苦痛的菁華，但這樣的行為只不過是多愁善感的折磨罷了。我並不否認有些人會被悲傷擊倒，但是每個人都應該努力掙脫這樣的命運，應該尋找轉移注意力的方式，什麼樣的方式都好，只要不傷人也不可恥。所謂傷人或是可恥的行為，包括酗酒和嗑藥，雖然說當時當刻使用者只是想麻痺思緒。正確的方式不該是麻痺思緒，而是把思緒移轉到新的頻道，或者是任何遠離不幸的地方。如果一個人只專注在少數的興趣，而這些興趣都被不幸所籠罩，那麼他就很難轉移思緒。要在不幸發生的時候頂得過去，最好是在快樂時候培養廣泛的興趣，讓心靈可以為不幸預備好一方寧靜空間，讓它連結起別的思緒以替代因為不幸而產生的難以承受的悲痛。

一個有充分生氣和熱情的人，能在一次次無情的打擊後再站起來，超越不幸，他的世界並不狹隘，所以一點點損失並不會造成致命的後果。那些被一件事或數件事打倒的人不值得讚許，而是該為他的生命力倒塌而痛惜。人類的感情都逃不過死

2 編按：《聖經》中記載地名，亞伯拉罕父親的故鄉。

亡這一關，而死亡可能在任何時候奪走我們愛的人，因此，我們的生命不應該過分狹隘，把所有生命的意義和目的都放在命運的框架裡。

基於以上的種種原因，以聰明的方式追求快樂的人，會在建造他生命的核心興趣之外，發展出更多的興趣。

第十六章——努力和放棄

中庸之道是乏味的道理。我年輕時對中庸之道十分蔑視和憤慨，因為當時我心所向之的是極端的英雄主義。然而，真理並不總是有趣的，很多事情只是因為其有趣而讓人相信，卻在其他方面找不到佐證。中庸之道就是這樣，雖然它並不是有趣的道理，卻在很多事件上呈現它的價值。

必須保持中庸之道的原因，其中有一項為保持努力和放棄之間的平衡。努力和放棄這兩者都有極端的鼓吹者。聖者和神祕主義者鼓吹放棄的教義，效率專家和勇猛的基督教徒則鼓吹努力的教義。兩派各有各的道理，也許部分符合真理，但僅止於部分。在這一個章節中，我想要嘗試強調兩者平衡的重要。讓我先從努力的好處開始談起。

只有在極少數的情況下，快樂才會像熟透的果實，在某些幸運的環境中自動地掉入人的嘴巴裡。這也就是為什麼我稱這本書為《幸福的征途》。這個世界中充滿了不幸，有的可以迴避、有些則無法，還有許多病痛和心理的糾結，掙扎、貧窮、令人作噁的念頭，想要走向快樂的人必須找到足以面對種種可能發生的不幸的方法。只有在極少數的例子裡，人不需要努力就可以得到快樂。一個繼承巨大財富、健康又沒有特殊需求的好運者，舒舒服服地過一生，對別人把追求快樂當作特別的事感到不可思議。一個懶惰但是面貌姣好的女人，如果嫁了個富有且對她無所求的丈夫，婚後若她也不介意變胖，也幸運地有不錯的孩子，那麼她可以享受某種程度的慵懶幸福。但是這樣的例子少之又少。大多人都不富有，也並非生來就具備各種優越條件，很多人擁有特殊的興趣且難以忍受安靜和規律的生活；能夠有健康的身體的確幸運，但沒有人會永保健康；婚姻也並非一定是快樂的來源。因為這種種原因，使得快樂並非天賜，而是必須努力追求的；在努力的過程中，不管對內還是對外的努力都相當重要。對內的努力包括一些必要的放棄，因此，現在我們只討論對外的努力。

不管是男人還是女人，如果他需要工作來養活自己，那麼努力的必要性毋庸置疑。的確，印度托缽僧不需要奮鬥就可以餬口，他只需要靠著信徒施捨的救濟金即可以過活，但在西方世界一般人可不認為這是恰當的賺錢方式。同時西方國家的氣候條件也讓這樣的方式更無法忍受：在冬季，很少人寧願在戶外慵懶地遊蕩，而不在有暖氣的室內工作。因此，放棄並不是西方世界獲取快樂的方式。

在西方，僅僅是讓自己得以溫飽並不足以讓多數人快樂，因為他們還需要成就感。在某些職業，例如科學研究，成就感的取得和收入的多寡並沒有直接關係，但是在大部分的職業裡，成就是用收入的多寡來衡量的。在這裡，我們發現對大部分人而言，適度的放棄念頭是被接受的，因為在一個高度競爭的社會裡，只有很少數的人能夠獲得顯赫的成就。

依照客觀環境的不同，婚姻可能需要努力經營也可能不需要太費工夫。當某種性別成為少數，像是英國的男性和澳洲的女性，該少數性別的成員不需要太努力就可以找到理想的對象。然而，在性別較多的一方則恰恰相反。如果女性較多，你可以在女性雜誌的廣告欄中看到她們的努力，而當男性較多時，他們會採取較迅捷的方式尋覓對象，比如使用左輪手槍。這是再自然也不過了，因為大部分男性的性格都是在文明和野蠻的分界線上徘徊。難以想像如果有某種歧視性的瘟疫把英國的男性變成多數的一方，他們會怎麼做？他們可能開始培養遠古時代的男人才有的英勇。

沒人會否認將孩子成功地養大很費工夫。那些信奉放棄主義並錯誤地把放棄稱為對生命「靈性化」的國家，擁有非常高的嬰兒死亡率。沒有俗世的職業和對物質世界致力的能量及智慧，是成就不了醫藥、衛生、無菌環境及均衡的飲食；那些認為這些都是幻象的人，也對灰塵有一樣的觀點，這樣想只會放任孩子死亡。

講得更淺白些，可能有人會說，當個人與生俱來的需求沒有萎縮的情況下，每個人自然且合理的目標，都是想獲取某種特殊權力的能力。根據個人生來的喜愛，不同的人需要不同的權力。有人冀望掌控他人行為的權力，有人想要掌控他人思想的權力，有人則想要控制他人情緒的權力。有的人想要改變物質環境，有的人想要透過對知識的掌控而獲得權力。每種公眾工作都需要某種特別的權力，除非他們認為可以光用貪腐的金錢來運作公眾事務。一個純粹地被利他主義驅動的人，因為人類的苦難而痛苦，如果他的受苦是真實的，他會想要擁有解除苦難的權力。只有對同伴無動於衷的人，才會對權力的需求無動於衷。所以一個想建立優良社群的人，我們可以接受他為成就事業而產生權力的想望。只要對權力的想望不被阻撓，任何一種形式都與努力相關。這個結論對於西方世界的價值觀而言可能相當平常，但是也有不少西方人在東方國家開始捨棄舊觀念之時，反倒追求起所謂的「東方世界的智慧」。他們也許會質疑我的論調，如果真是這樣，那麼我所主張的就更值得論述了。

然而，在追求快樂當中，放棄的哲學也有其價值，而且重要性不輸努力的哲學。雖然一個聰明的人不會在能防範未然的狀況前坐以待斃，他也不會在無法避免的不幸上浪費時間和感情，但是如果迴避不幸所耗費的時間和精力過多，以致阻礙他們完成更重要任務，他們也可能屈服。很多人在略有閃失時，就陷入煩惱或是憤怒，反而浪費了可以用在更必要處的精力。就算追求相當重要的事物時，也不該在情感上投注太深，而讓可能的失敗威脅平靜的心靈。基督教教導信徒在上帝的旨意下臣服，就算對這樣的說法不接受的人，也可以將類似的概念廣泛應用。完成任務的效率和我們投入的情緒是不成比例的，而事實上，情緒有時甚至會成為效率的阻礙。正確的態度應該是盡力而為，其他則交給上天來決定。

放棄有兩種，一種根基於絕望，另外一種則根基於不可挫遏的希望。前者不好，後者則優良。一個慘遭挫敗而放棄了希望的人，也許學到了絕望的放棄，而如果他真學到了絕望的放棄，那麼他會放下所有的活動。他也許用宗教用語來粉飾他的放棄，也許他用「沉思是人類的真正歸屬」這句教條來遮掩，但無論他使用哪種偽裝來遮掩內心的挫敗都是無用的，基本上他仍然不會快樂。因為不可挫遏的希望而放棄的人，他的行為則完全不同。一個不可挫遏的希望必然巨大且可讓人置己身於度外。在個人活動上，也許會因為死亡而停止；也許會因為某種疾病而停頓；也許會被敵手所擊垮；也許發現走偏了不可能走向成功。有千萬種理由讓純粹個人的希望走向無可避免的失敗。但是如果個人的目標已經成為人性希望的一部分，那麼就沒有任何挫敗可以真正擊倒一個人。那些想要在科學上有新發現的人，可能在個人的努力上遭受失敗，或者因為頭腦受傷而必須放棄，但是如果他真誠地希望科學研究有所進展，而不僅僅是關心個人對這個領域的貢獻，他就不會像只為個人目的而從事研究的人，在失敗時感到絕望。那些獻身於改革社會的工作者，也許會因為戰爭而讓事業全面停擺，也或許終於明白在有生之年他冀望的改變都不會發生。但是如果他關心的是人類全體的未來，而不斤斤計較於一己的參與，那麼他就不需要因為上述的認知而陷入徹底的絕望。

在上述的例子中放棄都是相當困難的。不過在很多其他的情形，放棄其實相對簡單很多。這些情形中，只有次要的目標遭受檢驗，生命主要的目標仍然有成功的前景。舉例來說，一個從事重要工作卻被婚姻生活的不愉快擾亂心思的人，就是因為沒有習得放棄的要義；如果他的工作需要全神貫注，他應該把婚姻生活的不愉快看作雨天，也就是把它當作不值一提的麻煩事，只有笨蛋才會認真看待。

很多人對生命中瑣碎的麻煩事缺乏耐性，如果我們任憑擺布，這些麻煩事可以占據大部分的生命。當錯過火車便暴跳如雷；晚餐沒有煮好就火冒三丈；煙囪開始冒煙就陷入絕望；當洗衣店沒把衣物送回就詛咒整個洗衣工業。這些人在小事上浪費的能量，如果好好運用，或許足以摧毀或是創建一個帝國。把心思放在大事上的人，是不會刻意注意清潔人員沒掃到的灰塵，廚師沒煮熟的馬鈴薯，或者打掃人員錯過的煤灰。我並不是要說時間允許下，他也依然對這些情況無動於衷，我想說的是他不會在這些狀況上耗費心神。憂心、煩惱、憤怒都不是有用的情緒。擁有這些情緒的人也許會說他們沒有辦法克服這些情緒，而我也不確定如果缺乏前文所提及的基本放棄能力的話，他們是否能夠克服。當一個人可以忍受工作上的失敗或不愉快的婚姻，便能對己身之外的希望聚焦，也可在錯過火車或不小心將傘掉到爛泥中時保持耐心。如果他暴躁的本性難改，我還真不確定有什麼方式能治癒他。

那些從煩惱王國中掙脫的人，會發現生活比以前總是為小事煩心時更有意思。之前友人讓他想要發狂尖叫的特質，現在只覺得有趣。當某人重複火地島（Tierra del Fuego）的主教軼事三百四十七次的時候，他因為自己竟然知道這個故事被重複的次數莞爾，也不再認為他需要用某個捏造的軼事來轉移話題。當早上匆匆忙忙趕火車時鞋帶斷了，在幾句合理的咒罵之後，他便想到在無垠宇宙中這件事根本就微不足道。在他正準備向愛人求婚的當兒，卻被討厭的鄰居打斷，他想到除了亞當以外每個人都有可能遇上這樣的不順，況且亞當也有他自己的煩惱。有太多的方式可以讓人運用古怪的類比和有趣的譬喻，以從小小的不幸中得到一些撫慰。我認為文明世界的男女都對自己的形象有所假設，當這個形象被扭曲或干擾，他們就會感到不耐。而最好的治療方式，就是不能只有單一的形象，而是得有一票的形象，然後在適當的場合選擇適當的形象。逗趣的形象再好不過了，因為長時間維持悲劇的英雄形象是相當不智的。我可不是建議大家視自己為丑角，真的這樣做的人其實會讓人反胃。每個人都該有些分寸，才能在不同的情況選擇適當的角色。當然，如果你相當忘我，完全不需要扮演也會令人欽佩，但是如果你已經習慣扮演，記得你是在一齣大戲劇中演出而非專屬個人的獨角戲。

很多活躍的人認為，即便極小的放棄或是少許的幽默，都會摧毀他們工作的能量，同時也會毀滅他們賴以成功的決心。我認為這些人錯了，就算一個人不刻意欺騙自己工作的重要性，或者是工作的難易度，值得做的工作還是會完成。那些需要靠欺騙自己才能夠工作的人，最好在繼續他們的事業之前，先學習怎麼面對真相，因為需要靠神祕的力量才能維持的現象，遲早都會從有益的變成有害的。寧願什麼都不做，也不要做任何具有傷害性的事。花少量的時間來認知事實，一點都不是浪費時間，在了解真相的基礎上所完成的工作，不會像那些倚賴持續自我膨脹來刺激工作能量的人所完成的工作一般具有傷害性。

面對事實在開始的時候也許會感到痛苦，但它卻會提供終極的保護——而且是唯一的可能保護——使你免於自我欺騙遲早會面臨的失望和幻滅。長遠來看，沒有什麼比每天耗費能量去相信逐漸不可信的事情更加累人的了。這樣的放棄是得到穩固而持續的快樂不可或缺的條件。

第十七章

快樂的人

很顯然地，快樂部分倚靠外在環境的條件，部分倚靠自己。我在書中花了很大的篇幅，討論靠自己的部分，而且在這方面得到的結論是，得到快樂的處方其實很簡單。很多人（包括第二章提及的庫池先生）都認為，如果沒有或多或少的宗教性的信仰，快樂是不可能的。很多不快樂的人，認為他們的悲傷有複雜以及高知性的來源。我並不認為這些是快樂或不快樂的成因，我認為那些只是表象罷了。不快樂的人當然相信不快樂的信條，而快樂的人則採用快樂的信仰。他們都將自己的快樂和不快樂歸諸於信仰，但是真正的因果關係卻截然相反。對大部分的人而言，要得到快樂，有些事情是不可或缺的，但是那些都是很簡單的事情：食物、住所、健康、愛、成功的工作，以及同伴的尊敬。對有些人來說，成為父母也是很重要的。當這些條件都不存在，只有很另類的人才能夠快樂。但是當這些條件存在或能經由可執行的步驟取得，卻還是不快樂的人，必定有某種心理失調，嚴重的話需要心理醫生的幫助，若是情況普通，則可以靠本身的力量來治療，只要知道正確的處理方式。當外在環境不是特別不幸，只要個人的興致和興趣向外發展而不是向內沉溺，應該可以得到快樂。因此我們應該努力在教育及諸多嘗試上，讓自己和世界同步，避開以自我為中心的慾望，也避免將思想總是灌注在自我的感情和興趣上。一個身陷牢籠的人，通常不會快樂，而那些將自我封閉的激情即是最壞的牢籠。在諸多此類的激情中，常見的有恐懼、嫉妒、罪惡感、自憐及自戀。在這諸多情緒中，我們的需求集中在自我本身，對於外界不真正感興趣，唯恐外界對自我可能造成傷害，或者是無法滿足自我的需要。恐懼是人們不敢面對真相而焦慮地把自己包裹在溫暖大衣裡的主要原因。但是荊棘會把這溫暖的衣裳畫破，當冷風吹襲，習慣溫暖的人受到的傷害會比在冷風中練就強健體魄的人還大。再說，自我欺騙的人通常在心底深處是明白的，因此總是處在擔心憂懼的狀態下，深怕難以應付的事件會迫使他們面對自己不想面對的事實。

自我中心式的激情有一個很大的缺陷，它們無法提供生命的多樣性。當然，你不能用情感混亂來指責一個只愛自己的人，但是他注定會因為獻身的事物的單調性而難以忍受無聊。那些有深度罪惡感的人，也是受害於某種特殊的自戀。在無垠的宇宙中，對他最重要的事情，是他必須成為品格高上的人。傳統宗教的重大缺陷即是鼓勵這類的自我陷溺。

快樂的人是那些活得客觀的人，他有自由的情感和廣泛的興趣，在這些情感和興趣當中確保了快樂的來源，也讓自己變成他人感興趣並投注感情的對象。得到別人的喜愛是快樂的強大來源，但是一個要求被愛的人，不一定是他人賦予感情的對象。廣義來說，被愛的人通常是愛人的人。但是嘗試用某種公式來計算感情是無用的，這不是借錢給人獲取利息，感情在計算後就變得不真實，受者也不會感到真心被愛。

那身陷自我牢籠而不快樂的人該怎麼做呢？只要他持續地思考不快樂的原因，就會持續地維持自我中心的情況而無法擺脫這惡性循環。如果他想跳脫，必須借助真正興趣的驅動，而不是因為將某些興趣當作藥方。雖然困難度相當高，但只要正確地診斷自我的問題，可以努力的方式相當多。舉例來說，如果他的問題是因為存在於意識或無意識之中的罪惡感，他可以先說服自己沒有理由感到罪惡，然後以前面章節提到的技巧將合理的認定植入無意識中，在這同時從事某些和這無關的活動。如果成功地驅散了罪惡感，就很可能找到對外界事物真正的興趣。如果他的問題是自憐，那麼他得說服自己身處的環境中並沒有什麼大不了的不幸，之後可以用一樣的技巧來治療自憐。如果恐懼是他的問題，應該讓他練習設計培養勇氣的活動。在戰場上的英勇被視為重要的美德已有長久的歷史了，訓練男生的活動主要是用來培養在戰場上無懼的個性。但是沒什麼人研究道德勇氣和知性勇氣，然而，鍛鍊這些勇氣也是有技巧的。讓自己每天都承認一件痛苦的事實，你會發現這樣的舉動和童子軍的日行一善一樣有用。告訴自己就算你在道德和智慧上沒有大幅度地超越你的朋友，你的生命還是有其價值的。持續這樣的練習，幾年下來能讓你不畏縮地承認事實，同時也會將你從巨大的恐懼世界中解放出來。

當你克服了自我陷溺的毛病之後，興趣即是你的天性和外在環境自然而然互動之後的結果。不要提早對自己說，「如果專注在集郵上，我就可以得到快樂。」然後開始努力蒐集郵票，因為這樣做很容易讓你對集郵失去興趣。只有真實的興趣才對你有益，一旦你學著不陷溺於自我，真實的客觀興趣馬上就會出現。

快樂的人生可說是美好的人生。職業道德家過分地強調自我克制，這是不智的。顯意識層面的自我克制只會讓人自我陷溺，也時時刻刻叨唸著自我的犧牲，如此一來，自我克制不但無法達成立即目標也無法完成終極目標。我們需要的不是自我克制，而是向外的興趣，它們能產生自發的、不做作的行為，而過於執著於追求美德的人只有透過有意識的自我克制後才能做出這樣的行為。我看似是以享樂主義者的身分來撰寫這本書，也就是說，我認為快樂是件好事，但其實享樂主義者建議的行為和道德家建議的行為並無差別。然而，也許以下論調不完全正確，但道德家通常傾向強調行為正確，而不太論及心理狀態。個人行為所造成的結果，會根據執行時的心態產生相當大的差異。如果你看到溺水的小孩，基於助人的衝動而拯救了他，你絕對不會在道德上有所缺失；但如果在看到小孩溺水時你對自己說：「救助無助者是一種美德，而我希望成為高尚的人，因此我應該拯救這個小孩。」那麼於此之後，你其實是變成一個更差勁的人。可以運用在這個極端例子的道理，也同樣可以運用在很多其他較不明顯的事件上。

我和傳統道德家所倡議的人生態度之間，還有些許微小的差異。舉例來說，傳統的道德家會告訴你愛是無私的。在某種意義上，道德家是正確的，也就是說，愛的自私不應該超過某個限度；但是無疑地愛應該具有自私的性質，所以在成功的愛之中，一個人能夠享有個人的快樂。如果一個男人準備向一個女人求婚，他熱切地希望她能夠快樂，同時認為她提供他一個實現自我克制的絕佳機會，我認為她是否會真正滿意還是未知數。無疑地我們應該希望我們所愛的人能夠快樂，但是並不是用我們的快樂來換。事實上，一旦在我們對自身之外的人事物真正地感興趣，所有自我克制的學說提及的自我和外在世界的對立，就會馬上消失。經由這樣的興趣，個人可以感覺自己是生命長河的一部分，而不是像撞球一樣獨立的個體，只有在碰撞的時候才有交集。所有的不快樂都是因為分裂或者是不和諧而產生，意識和無意識的不協調導致自我的分裂，而自我和社會之間因為沒有客觀的興趣和感情的力量，把兩者緊密地結合在一起而導致不和諧。一個快樂的人，就是無須承受上述兩種痛苦的人，這個人的個性既非分裂，也不和社會對立。這樣的人認為自己是宇宙的子民，自由地享受宇宙提供的各種面向和樂趣，也不為死亡的念頭所困擾，因為他不覺得自己和後繼者毫無聯繫。在人與生命長河渾然天成的深邃連結之中，一個人能找到最巨大的快樂。

國家圖書館出版品預行編目資料

幸福的征途／羅素（Bertrand Arthur William Russell）著；易思婷譯. -- 一版. -- 臺北市：臉譜，城邦文化出版；家庭傳媒城邦分公司發行, 2013.04
面；　公分. --（臉譜書房：FS0029）
譯自：The conquest of happiness
ISBN 978-986-235-244-1（平裝）

1. 幸福

176.51　　102004338